DAS BOLLYWOOD KOCHBUCH

DAS
BOLLYWOOD
KOCHBUCH

Mit 80 indischen Originalrezepten

Bulbul Mankani

CHRISTIAN VERLAG

Für meine Mutter Kanta Mankani mit Liebe und Dankbarkeit

Ich möchte all jenen danken, die dazu beigetragen haben, dass dieses Buch realisiert werden konnte, vor allem aber Ravi Gupta von Mukta Arts, Vishal Patel von Dharma Productions, Rakeysh Mehra, Chitra Palekar, Suguna Sundaram, Sheena Sippy, Natasha Wade, Menaka Thadani, Aditi Mittal, Anjali Bhushan, Vijaya Dewan, Archana Singh, Mandira Shukla, Vaishali Banerjee, Deepika Deshpande Amin, Nandini Gulati und Deepti Naval.

Mein besonderer Dank gilt meinen Verlegern Bipin Shah, Kyle Cathie und Florentine Schwabbauer, die mich mit Kräften unterstützten, und Diana Romany, die meinen Originaltext redigierte.

Die Originalausgabe erscheint 2006 gleichzeitig in Deutschland im Christian Verlag, in Großbritannien bei Kyle Cathie und in Indien bei Mapin Publishing. Published in collaboration with: National Book Trust, India

Copyright © 2006 by Christian Verlag, München
www.christian-verlag.de

Konzept: Florentine Schwabbauer und Bulbul Mankani
Text: Bulbul Mankani
Aus dem Englischen von Natascha Afanassjew (Rezepte) und Karine von Rumohr (Einleitungstexte und Starporträts)
Redaktion: Margit Bogner
Korrektur: Dr. Michael Schenkel
Satz: Fotosatz Völkl, Inzell, Obb.
Bildrecherche: Mapin Publishing, India
Supervision: Mapin Publishing, India
Foodfotografie: Lisa Linder
Foodstyling: Linda Tubby
Design: Mark Latter
Produktion: Sha Huxtable und Alice Holloway
Lithografie: Chromagraphics
Umschlaggestaltung: Cornelia Niere/Büro für Gestaltung, München

Druck und Bindung: MKT Print, Slowenien

ISBN-13: 978-3-88472-710-2
ISBN-10: 3-88472-710-9

BILDNACHWEIS
Seite 3 (rechts), 6 UTV; 3 (links), 9, 11, 68, 69, 72, 73, 74–75, 106, 113 (rechts) 117, 121, 131, 132, 137, 143 Mukta Arts; 7, 15, 24, 25, 43, 48–49, 146, 150 Dharma Productions; 10, 142 Rakeysh Mehra; 12–13 Ramesh Sippy Entertainment; 16–17 Vikram Bawa für Cine Blitz; 18, 19 UTV/Ashutosh Gowarikar Productions; 20, 83 Subi Samuel; 27, 42, 44, 66, 125 Dabboo Ratnani; 32 Rakesh Shreshta für Vikram Phadnis; 34 Jagdish Maali; 46 Sheena Sippy; 51, 168, 169 Sippy Films; 52 Atul Kasbekar für Xylys; 56 Atul Kasbekar; 53 Jhamu Sughand; 61, 120 Bulbul Mankani; 77 R. K. Films; 78, 79 Joy Datta; 89 Vikram Bawa; 93, 94 Vinod Chopra Productions; 97, 100 Rakeysh Om Prakash Mehra Productions; 107 Tanvir Ahmed; 105 Red Chillies; 113 (links) Filmkraft; 139 Raveena Tandon; 147, 149 Rakesh Shreshta; 156 Imperial Movietone; 157 R Shantaram; 158 Mehboob Khan; 160–161 Chandra Barot; 162 (oben), 170, 159 R.K. Films; 162 (unten), 166 Guru Dutt; 163 Navketan Films; 164–165 K Asif; 167 Kamaal Amrohi; 171 Muzaffar Ali

HINWEIS
Alle Informationen und Hinweise, die in diesem Buch enthalten sind, wurden von der Autorin nach bestem Wissen erarbeitet und von ihr und dem Verlag mit größtmöglicher Sorgfalt überprüft. Unter Berücksichtigung des Produkthaftungsrechts müssen wir allerdings darauf hinweisen, dass inhaltliche Fehler oder Auslassungen nicht völlig auszuschließen sind. Für etwaige fehlerhafte Angaben können Autorin, Verlag und Verlagsmitarbeiter keinerlei Verpflichtung und Haftung übernehmen.

Korrekturhinweise sind jederzeit willkommen und werden gerne berücksichtigt.

Inhalt

VORWORT

Ein neues Kochbuch verspricht immer ein Abenteuer. Bulbul Mankanis *Bollywood Kochbuch* bildet da keine Ausnahme. Alles über Filmstars und ihre kulinarischen Vorlieben zu erfahren ist für Fans von besonderem Interesse. Die meisten Stars haben traditionelle Rezepte ihrer Gemeinschaft und Region ausgewählt. Einige nennen Gerichte, die sie selber zu kochen gelernt haben. Beim Durchblättern des Buchs sehe ich, dass die meisten Filmleute die Mogulküche oder die Küche ihrer Kindheit bevorzugen. Raveena Tandon mag besonders *Sai Bhaji* und andere Sindhi-Gerichte, während Shilpa Shettys Lieblingsgerichte aus der *Bunt*-Küche aus dem südindischen Mangalore stammen. Rahul Bose stellt seine bengalischen Rezepte vor und Deepti Naval vegetarische Spezialitäten aus dem Punjab, wie gefüllte *karela* (Bittergurke). Überraschend jedoch ist, dass Manisha Koirala, die in Benares aufwuchs, eine Vorliebe für Parsi-Köstlichkeiten hat. Zweifelsohne sind die wahren Gourmets (und Gourmands) die Mitglieder der Familie Kapoor. Sie schätzen eine ganze Bandbreite von Regionalküchen. Nachdem ich an zahllosen köstlichen Essen bei Shashi und Jennifer Kapoor und einigen berüchtigten Partys bei Raj Kapoor teilgenommen habe, weiß ich aus erster Hand, dass es niemanden in der Filmindustrie Bombays gibt, der mehr Wert aufs Essen legt.

Kochen ist eine hohe Kunst. Der Koch ist aber nicht nur Künstler, er ist auch ein Zauberer, der mit seinem rationalen und intuitiven Wissen über die Zutaten, Gewürze und Aromen sowie über verschiedenste Küchentechniken – vom Marinieren bis zum Dämpfen, Grillen, Rösten oder gar Sonnentrocknen, nicht zu vergessen die Kunst und Wissenschaft, eine Reihe von Saucen und Currys herzustellen – seine Rezepte zusammenbraut.

Jedes Land, jede Region, jede Gesellschaft und jede Gemeinde ist an der Küche zu erkennen. Sie kann eine Menge über die Geschichte der Menschen erzählen, die sie geprägt haben. Ein und dasselbe Gericht schmeckt unterschiedlich, wenn verschiedene Köche es zubereiten. Manche Köche zaubern, andere liefern nur Durchschnitt. Der Unterschied liegt in ihrer Einstellung zum Essen.

Ich selber habe einen eher eklektischen Geschmack. Wenn man etwas über mich sagen kann, dann, dass ich praktisch keine Vorurteile beim Essen habe. Natürlich gibt es gewisse Grenzen. Ich sehe Kakerlaken und die übrige Auswahl an krabbelnden oder kriechenden Tieren, die in manchen Teilen der Welt so geliebt werden, als ungenießbar an. Ich bevorzuge meist die klassische Mogulküche und halte sie für die geschmackvollste und ausgefeilteste. Ich hatte eine ganze Reihe von wunderbaren Mahlen in verschiedenen Teilen der Welt, aber an eines erinnere ich mich besonders gut. Es war das Abendessen, das meine Filmcrew und ich zur Feier von Shabana Azmis Geburtstag organisiert hatten, als wir 1982 *Mandi* in Hyderabad drehten.

Wir hatten einen alten, trinkenden *khansama* (Koch) mit triefenden Augen aus den *barkus* (Baracken) nahe dem verlassenen Quartier der ehemaligen Nizam-Armee gefunden. Er stand in dem Ruf, der einzige Koch zu sein, der das Originalrezept für »Gefülltes Lamm nach Hyderabadart« kannte. Er starrte mich hinter seinen dicken, rauchverschmutzten Brillengläsern an und sagte, dass er es seit über dreißig Jahren nicht mehr zubereitet habe. Wenn es nicht gelänge, sei es nicht seine Schuld, murmelte er. Er sagte, er brauche vierundzwanzig Stunden zur Zubereitung, und wir müssten es sofort essen, wenn es fertig sei, damit wir die überbordenden Aromen und die saftige Textur des Fleisches ganz genießen könnten. Dann gingen er und seine *bawarchis* (Köche) ans Werk. Sie begannen etwa achtundzwanzig Stunden vor dem Essen. Nach dem Marinieren des Lamms wurde eine komplexe Füllung zubereitet aus Hühnchen, die ihrerseits mit hart gekochten Eiern gefüllt waren und in einem Bett von Basmatireis lagen, dazu eine Vielzahl verschiedener Trockenfrüchte, Nüsse und Gewürze. Das alles wurde in die Bauchhöhle des Lamms genäht. Das eigentliche Garen geschah in einer mit Ton bestrichenen Grube, die mit glühender Kohle aus Tamarindenholz ausgelegt war. Reisschalen, Stiele und verschiedene getrocknete Gräser wurden auf das Lamm gelegt. Dann wurde es mit einer weiteren Schicht nassen Tons bedeckt und in der Grube eingegraben. Genau vierundzwanzig Stunden später grub der Meisterkoch ein perfekt gegartes gefülltes Lamm aus. Dazu gab es dank Shabanas ortsansässigen Tanten *lagan ka gosht* (Hammel mit Joghurt und Erdnüssen), *asafjahi korma* (Hammel mit Mandeln) und *shikampuri kababs* (würziges Kebab mit *Paneer*-Füllung). Verschiedene andere Beilagen, *rotis* und andere Brote rundeten das Mahl ab. Ich werde diesen Geburtstag von Shabana nie vergessen. Jedes Mal, wenn ich ein sehr gutes Essen genieße, fühle ich mich an jenen Abend vor einem Vierteljahrhundert zurückversetzt.

Dieses Buch ist etwas für Menschen, die das Essen lieben und die erfahren wollen, was ihre Helden und Heldinnen aus dem Film gerne essen. Probieren Sie die Rezepte aus, sie sind großartig. Und: Genießen Sie!

Shyam Benegal

1. Juni 2006

LINKS: Shah Rukh Khan kehrt als Mohan Bhargav in *Swades* (hier mit Makarand Deshpande) in seine ländliche indische Heimat zurück, nachdem er einige Jahre als Wissenschaftler für die NASA gearbeitet hat.

UNTEN: Preity Zinta zeigt ihre reizenden Grübchen in einer Songszene aus *Kal Ho Na Ho*.

INSIDE BOLLYWOOD

Wer Indien verstehen will, muss Bollywood verstehen. Indiens Seele präsentiert sich nach außen in einer Form von *Maja* (von Sanskrit *māyā* = »Trugbild«), als verschleierte Schönheit; der indische Film verkörpert dieses Illusionstheater in idealer Weise. Er generiert eine imaginäre Über-Realität mit großen, prächtigen Villen, makellosem Wetter – ohne Hitze und Staub –, Helden mit übermenschlichen Fähigkeiten und sittlichen Werten, tugendhaften Frauen, loyal und schön wie Göttinnen. Dieser von allen Akteuren wohlbedachte Zauber schickt uns für eine Weile in ein wunderbares Traumland, in dem der Fantasie keine Grenzen gesetzt sind.

Die hochfliegende Poesie drückt sich in kostspieligen Requisiten aus: Die Kostüme sind prachtvoll, die Schauplätze ein Katalog paradiesischer Orte, die Lieder und Tänze perfekt arrangiert. Das Ganze ist ein Kaleidoskop von märchenhaften Szenen, und jeder Film zaubert neue Bilder aus unserem ureigensten Fundus an überschwänglichen, barocken Kunstformen hervor.

Der Einfluss der zwei indischen Hauptepen, *Mahabharata* und *Ramayana*, ist groß. Das zeitgemäße Erzählen der überlieferten Epen trägt große Bedeutung für die Inder, denn es lässt sie ihre eigene kulturelle Identität finden. Die indische Traumfabrik mit ihrer typischen »Masala-Gewürzmischung« nährt seit Jahren die kollektive Fantasie der Zuschauer. Wie die indischen Nationalepen zeichnen sich auch die Bollywoodfilme durch eine Vielzahl von Handlungen aus und versuchen, ähnlich wie das *thali* aus Gujarat, alle Geschmäcker gleichzeitig zu befriedigen.

Auf Sanskrit heißen sowohl Tanz als auch Drama *natya* – das zeigt die kulturelle Verbundenheit mit Theater und Musik. Bollywood hat einen Hang zur Melodramatik. Leidenschaftliches Spiel und überdeutliche Dialoge, ausdrucksstarke Hintergrundmusik, mit großem Pathos dargestellte Handlungsfolgen – all diese Elemente stammen aus dem Theater. Es gibt kaum Experimente, da jegliche Formänderung nur schwer vom Publikum akzeptiert wird. Das Bollywoodkino fordert von den Zuschauern Geduld – und bietet ihnen als Belohnung dafür eine kathartische Spanne von Gefühlsregungen.

Im dunklen Kinosaal will Bollywood den Betrachter innerhalb eines Films durch alle neun *rasas* (Gefühle) der indischen Ästhetik führen, und so werden Liebe, Humor, Spannung, Tragik, Horror und Aufregung auf die Wand projiziert. Die Filme sind hundertfünfzig bis hundertachtzig Minuten lang und werden von einer etwa zehnminütigen Pause in zwei Teile geteilt. Die Pause kommt immer dann, wenn der Betrachter von der Handlung ganz in den Bann gezogen ist. Beide Hälften haben ihren jeweiligen Höhepunkt.

Bollywood hat ein Genre geschaffen, an dem das Publikum voll und ganz teilhat. In dieser Über-Realität gibt es eine simple Regel: Alle Vernunft lässt sich so sehr biegen und verdrehen, dass schlussendlich die Liebe siegt. Zufall und göttliche Vorsehung sind dabei willige Gehilfen. Verlorene Brüder treffen sich wieder, Eltern versöhnen sich mit ihren Kindern, Mütter und Schwestern sind hingabe- und opferbereit, die Polizei pfuscht sich durch den ganzen Film,

In den letzten zehn Jahren hat man sich wieder auf die Tradition und die Werte der Familie besonnen, und die indischen Filme sind ein einziger Triumph der Liebe.

bis sie doch am Höhepunkt alles zurechtrückt. Einfältige Hausmädchen oder Gärtner, dicke Verwandte und Freunde sorgen für das komische Element, und die bösen Verführer zeigen ihr im Kern goldenes Herz. Die Gerechtigkeit siegt – wenn auch erst im letzten Teil des Films.

Das ist Bollywood: In die sorglos-heitere Welt des geliebten einzigen Kindes wohlhabender Eltern tritt plötzlich die Liebe – entflammt für eine arme, aber fleißige und moralisch untadelige Person. Mit einem Mal ist sie da, die perfekte Illusion vom Glück. Zusammen drücken die beiden die Poesie ihrer Liebe in Liedern und symbolreichen Gesten aus, in einer magischen Verschmelzung von Musik und Tanz. Doch während sie ihr ewiges Glück planen, wird ihnen so manches Hindernis in den Weg gelegt. Die schönen Liebenden trotzen natürlich jeder Widrigkeit, bis sich schließlich alles zum Besten wendet und sie gemeinsam der Sonne entgegengehen.

OBEN: Jackie Shroff als besorgter Vater in Subhash Ghais *Yaadein:* Der Film erzählt die märchenhafte Geschichte von einer Vernunftehe, die zu wahrer Liebe wird.

In einer zunehmend zerbrechlichen Welt von scheiternden Beziehungen und Materialismus kehren die Filme zu den Wurzeln zurück, um den Menschen zu vergewissern, dass das Leben einen Sinn hat. Die jungen, erfolgreichen Regisseure der letzten zehn Jahre haben Helden geschaffen, die im Konflikt »das Richtige« tun – anders als in den 1970er-Jahren, in denen Rebellion und Individualismus im Vordergrund standen. Amitabh Bachchan, der Megastar der 70er- und 80er-Jahre, nahm grundsätzlich Familie, Gesetz und Gesellschaft aufs Korn, um seinen Ärger und seine Bitterkeit loszulassen. Das Drehbuchautorenduo Salim–Javed konzentrierte sich immer wieder auf diese Themen. Seit den 1990er-Jahren, mit der zunehmenden politischen Stabilität, dem wirtschaftlichen Aufschwung und den immer mehr über die ganze Welt zerstreuten Angehörigen, ist eine nostalgische Sehnsucht nach der Zeit zu erkennen, in der Familien zusammenblieben und alles teilten.

Aditya Chopra, Scoraj Barjatya und Karan Johar, die neue Generation von Regisseuren, stimmten in diese heimlichen Hoffnungen mit ein und schufen

Helden, die zwar modern aussehen und auch so sprechen, aber im Herzen in den traditionellen Helden der Mythen verwurzelt sind. Shah Rukh Khan, der aktuelle Megastar, setzt auf Rollen, die positive Werte wie Wärme, Fürsorglichkeit und Familiensinn verkörpern. Er beweist seine Integrität und gewinnt mit familiärer Unterstützung seine Liebe für sich *(Dilwale Dulhaniya Le Jayenge)*, er findet nach dem Tod seiner Frau mithilfe der Tochter seine Jugendliebe wieder *(Kuch Kuch Hota Hai)*, er versöhnt sich mit seinem Vater, um wieder mit seiner Familie vereint zu sein *(Kabhi Khushi Kabhie Gham)*, er bringt ein Liebespaar zusammen, während er im Sterben liegt *(Kal Ho Na Ho)*. Er sieht vielleicht aus wie ein westlicher Mann, aber er trägt sein indisches Herz offen auf der Zunge.

Die Filme erzählen eine einfache Geschichte, die Stars stehen ganz im Mittelpunkt – das bezaubernde Lachen von Preity Zinta oder Kareena Kapoors funkelnde Augen, Shah Rukh Khans romantischer Blick und seine enorme Energie oder Saif Ali Khan, cool und charmant zugleich, lassen die Prototypen von Bollywood entstehen. Aamir Khan erzählte einmal dem Publikum eines Filmfestivals, dass er in seiner Schulzeit weniger Zeit mit dem Lernen verbracht hatte als damit, seine Haare genau wie sein Filmidol Dev Anand zu frisieren. Er arbeitete sorgfältig an seinem Look. Heute macht er die Trends: Nach *Dil Chahta Hai* trug jeder Collegeschüler seine Kurzhaarfrisur, jetzt, nach *Rang de Basanti*, sind lange Haare der letzte Schrei.

Die Moderne hält allmählich Einzug in die Bollywoodwelt. *Rang de Basanti*, der große Erfolg des Jahres 2006, ist ein durch und durch ungewöhnlicher Film. Der Übergang von der sorglosen Gutmütigkeit der fünf Freunde zur Revolution gegen korrupte Politiker wird glaubwürdig durch ein sorgfältig ausgearbeitetes Drehbuch. Die Lieder sind keine eingefügten Szenen, sondern entfalten sich geradezu aus der Stimmung des Films. Während frühere Filme stets mit der Hochzeit endeten und dieses Happyend auch nie hinterfragt wurde, befassen sich viele aktuellere Produktionen mit der Liebe nach der Heirat. *Salaam Namaste* handelt von einem in Australien lebenden Paar, das zunächst unverheiratet zusammenlebt. Der große Erfolg des Films in Indien beweist, dass die traditionellen Rollen aufzubrechen beginnen. Die Helden moderner Filme bringen neue, liebenswerte Eigenschaften mit. Sie lernen und passen sich an die reale Welt an – und so wie sie für ihre Liebe eintreten, schlagen sie eine Brücke zur heutigen Jugend.

RECHTS: Aishwarya Rai ist die bekannteste und bestbezahlte Schauspielerin Indiens. In diesem Close-up sieht die ehemalige Miss World aus wie eine Maharashtra-Schönheit.

UNTEN: Diese Szene aus dem Film *Rang de Basanti* wurde herausgeschnitten, nachdem die Tierschützerin Menaka Gandhi Einspruch eingelegt hatte.

NÄCHSTE DOPPELSEITE: Abhishek Bachchan und Priyanka Chopra in einer romantischen Szene aus *Bluffmaster*, einer fröhlichen Komödie über einen cleveren Hochstapler und seinen Schützling.

UTV MOTION PICTURES PRESENTS

RAKEYSH OMPRAKASH MEHRA'S
Rang De Basanti
a generation awakens

www.RangDeBasanti.net

UTV

Es dauerte viele Wochen, bis alle Stars für dieses Foto zusammengebracht werden konnten. Von links nach rechts: Aishwarya Rai, Amitabh Bachchan, Shah Rukh Khan, Akshay Kumar, Preity Zinta, Hrithik Roshan, Ajay Devgan, Viveik Oberoi, Sushmita Sen, Saif Ali Khan und Bipasha Basu.

Mit seinen vierzig Jahren ist Shah Rukh Khan der größte Star in Bollywood. Seine weltweite, unglaublich große Fangemeinde ist geradezu hypnotisiert von seiner Fähigkeit, Gefühle zu wecken, und seine Aura als Superstar wächst stetig. Sein Film *Kal Ho Na Ho* ist ein perfektes Beispiel für seine Rollenwahl. Sein Charakter weiß um seinen bevorstehenden Tod und will den Menschen, die er trifft, dennoch Hoffnung, Freude und Liebe schenken. Shah Rukh Khan spielt diese Rolle mühelos, und genau so wollen ihn seine Anhänger sehen: der normale junge Mann mit gutem Herz, bei dem man darauf vertrauen kann, dass er immer das Richtige tut. In unseren immer zerrisseneren Zeiten ist das Heldenmodell ein Publikumsmagnet. Die Fülle an Emotionen, die er transportiert, die hochenergetische jugendliche

Shah Rukh Khan

Person, die er darstellt, die körperliche Überschwänglichkeit und der mal schelmische, mal gedankenvolle, oft aber liebevolle Ausdruck seiner Augen – das alles ist der Grund, warum dieses riesige Publikum an ihm einen Narren gefressen hat und immer mehr von ihm sehen will und warum *Kal Ho Na Ho* ein derartiger Erfolg wurde: Shah Rukh Khan lässt einen an das Unmögliche glauben.

Alle seine neuesten Werke machen ihn liebenswert. Der beschützende große Bruder in *Main Hoon Na*, der nihilistische Liebende in *Devdas*, der zurückkehrende NASA-Wissenschaftler in *Swades* – an diesem Punkt seiner Karriere ist er der unumstrittene König von Bollywood. Obwohl er mit vielen Großen zusammenspielt, ist es doch sein Name, der das Publikum immer wieder in die Filme zieht.

Sein Weg begann in einem einfachen Haus der Mittelklasse in Delhi, wo er eine wohlbehütete Kindheit verbrachte, eine der besten Schulen besuchte und schließlich zur TAG ging, der Theatergruppe von Barry John. Einer seiner TAG-Kollegen erinnert sich: »Alle hängten sich Poster von Aamir Khan und Salman Khan an ihren Schrank, und keiner hätte gedacht, dass eines Tages ein anderer Khan der größte Star sein würde!« Nach ein paar Fernsehserien zog er nach Bombay und wurde schon früh im Film erfolgreich. *Raju Ban Gaya Gentleman* war sein erster Erfolg. Er war bereit, auch düstere Rollen zu spielen: den besessenen Liebenden in *Darr* und den skrupellosen Killer in *Baazigar*. Dieses Wagnis gewann er, denn die harten, aber verwundbaren Charaktere hatten eine romantische Seite und erfüllten die Erwartungen der Jugend der 1990er-Jahre. Die Werbeindustrie verstärkte dieses Image noch und setzte ihn bei Jugendmarken ein.

RECHTS: *Swades* ist ein Film, der in vielen Indern eine besondere Saite zum Schwingen brachte: Nach Jahren in der Fremde kehrt Shah Rukh Khan in die Heimat zurück, um eine positive Zukunft aufzubauen.

Für die jüngere Generation der Regisseure war er die erste Wahl, als es darum ging, den romantischen Held per se zu erschaffen. Sowohl Aditya Chopra als auch später Karan Johar trafen mit ihren jeweiligen Filmen *Dilwale Dulhaniya Le Jayenge* und *Kuch Kuch Hota Hai* genau den richtigen Ton. Shah Rukh Khan ist ein Mann für die Massen, Liebling der Teenager, Frauenschwarm und Vorbild für die Männer.

Er gründete seine eigene Produktionsfirma, um mit Themen und Rollen zu experimentieren *(Phir Bhi Dil Hai Hindustani, Asoka)*, aber es war nicht einfach, die Fixierung des Publikums auf sein Image zu lösen. Seine Rückkehr zum lustigen Faxenmacher und beschützenden Bruder in *Main Hoon Na* wurde ein Kassenschlager und legte auf gewisse Weise fest, wie das Publikum ihn sehen möchte. Mit seinem scharfen Verstand und der Gabe, überraschende Wahrheiten auszusprechen, ist er dazu auch ein Medienliebling. In einer Fernsehshow bezeichnete er sich einmal als *bhand* (Straßenkünstler), der auch auf Partys, Hochzeiten und Bühnenshows tanzen und singen würde.

Seine Leidenschaft für die Arbeit ist immens. Trotz eines schmerzhaften Problems mit der Wirbelsäule blüht er auf, wenn er viele Stunden am Set ist. Dieses Jahr sehen wir ihn in *Kabhie Alvida Na Kehna* und dem Remake von *Don*, in dessen Originalfassung ein anderer Superstar spielte: Amitabh Bachchan. Als sie vor einigen Jahren zusammen in *Mohabbatein – Denn meine Liebe ist unsterblich* auftraten, war es fast, als würde das Zepter des Superstars von der Legende an seinen Nachfolger weitergegeben. Und König Khan regiert.

Lamb Galouti

GERÄUCHERTE LAMM-KEBABS

1,5 kg Lammhackfleisch
300 g Lammfett (vom Metzger)
60 g Ingwerpaste
60 g Knoblauchpaste
150 g Zwiebelpaste
20 g rotes Chilipulver · Salz
40 g geschälte, halbierte Kichererbsen *(Channa dal)*, ohne Fett geröstet und gemahlen
20 g *Garam masala* (Seite 154)
15 g *Awadhi masala* (Seite 154)
2 EL Safranwasser
2 EL *Kewra*-Wasser (Seite 39)
1 TL gemahlene Gewürznelken
1 EL *Ghee*, zum Braten
Einige Zwiebelringe und etwas frische Minze zum Garnieren

Für 6 Personen

Kebabs sind eine beliebte Spezialität der Küche Lucknows, und dieses Rezept hat uns Chefkoch Jitendra Kumar zur Verfügung gestellt. In seinem »Masala Bay« sind die Khans häufig zu Gast, und wir haben hier eine Auswahl der Gerichte vorgestellt, die Shah Rukh besonders gern isst.

Lammhackfleisch und Lammfett in einer großen Schüssel gründlich vermischen.

Ingwer-, Knoblauch- und Zwiebelpaste, etwas Salz und rotes Chilipulver verrühren und untermischen. Abdecken und 2 Stunden durchziehen lassen.

Salz, Chilipulver, Kichererbsen, *Garam masala, Awadhi masala,* Safranwasser und *Kewra*-Wasser gleichmäßig untermischen.

Hackfleischmischung in eine große Schüssel geben und eine Mulde in die Mitte drücken. In eine feuerfeste kleine Schale ein Stück glühende Holzkohle legen, mit gemahlenen Gewürznelken bestreuen und die Schale in die Mulde setzen. Die Schüssel mit der Hackfleischmischung für 10 Minuten abdecken, damit das Fleisch ein rauchiges Aroma bekommt.

Kebabs formen. Das *Ghee* in einer Pfanne erhitzen und die Kebabs darin rundum goldbraun braten.

Mit Zwiebelringen und Minze garnieren.

TYPISCH INDISCH

Ghee wird in der indischen Küche gerne zum Braten verwendet, da es ein ausgeprägt nussiges Aroma hat. Die geklärte Butter gibt es in indischen Lebensmittelläden fertig zu kaufen. Achten Sie darauf, reines *Ghee (Usli ghee)* aus Butter zu bekommen, das nicht mit Pflanzenölen versetzt ist. Als Ersatz können Sie Butterschmalz nehmen.

Bhatti Da Murgh

TANDOORI-HUHN

50 g **Bhatti masala** (Seite 154)
200 g Joghurt, in einem Musselintuch 4 Stunden abgetropft
2 kleinere Hühner, enthäutet und
   in je 2 Brust- und Schenkel-
   stücke zerlegt
50 g Ingwerpaste
50 g Knoblauchpaste
Frisch gepresster Saft von
   5 Limetten
100 g **Ghee**, zum Übergießen
Salz

Für 8 Personen

Shah Rukh Khans Vorliebe für Huhn wird Chefkoch Jitendra Kumar mit diesem köst-lichen Gericht mehr als gerecht. Seine typisch indische Variante von Brathähnchen überzeugt durch die herrlich würzige Marinade und den rauchigen Geschmack, den der traditionelle indische Lehmofen, der Tandoor, beisteuert. Heute besitzen selbst wenige Inder noch einen eigenen Tandoor, aber auch andere Garmethoden führen zum Erfolg. Wenn Shah Rukh Khan Gäste hat, bestellt er das Essen am liebsten bei Jitendra Kumar.

Bhatti masala und Joghurt verrühren und über Nacht im Kühlschrank stehen lassen.

Die Hühnerstücke mit Ingwer- und Knoblauchpaste bestreichen und mit Limettensaft beträufeln. Beiseitestellen und 2 Stunden marinieren lassen.

Mit einem Messer die Hühnerstücke mehrmals einschneiden, mit der Joghurtmischung bestreichen und jeweils auf einen stabilen Spieß stecken. Für 10 Minuten in den Tandoor geben. Herausnehmen, mit Ghee beträufeln und weitere 10 Minuten im Tandoor garen.

Auch gegrillt schmeckt das Fleisch sehr gut, insbesondere über Holzkohlenglut, denn so erhält man ebenfalls den typisch rauchigen Geschmack: Die Hühnerstücke nicht auf Spieße stecken, sondern einfach auf den Grillrost legen und von beiden Seiten je 25–30 Minuten grillen. Darauf achten, dass das Fleisch nicht schwarz wird.

Als weitere Alternative das Fleisch im vorgeheizten Backofen bei 180 °C zube-reiten. Dafür das Fleisch ohne Spieße in die Fettpfanne legen und 30 Minuten braten. Herausnehmen, mit Ghee beträufeln, wenden und bei 170 °C weitere 30 Minuten braten.

Heiß mit Minz-Chutney, Zwiebelringen und Limettenscheiben reichen.

Kovalam Pomfret

GEBACKENE SEEBRASSEN IN PIKANTER GEWÜRZKRUSTE

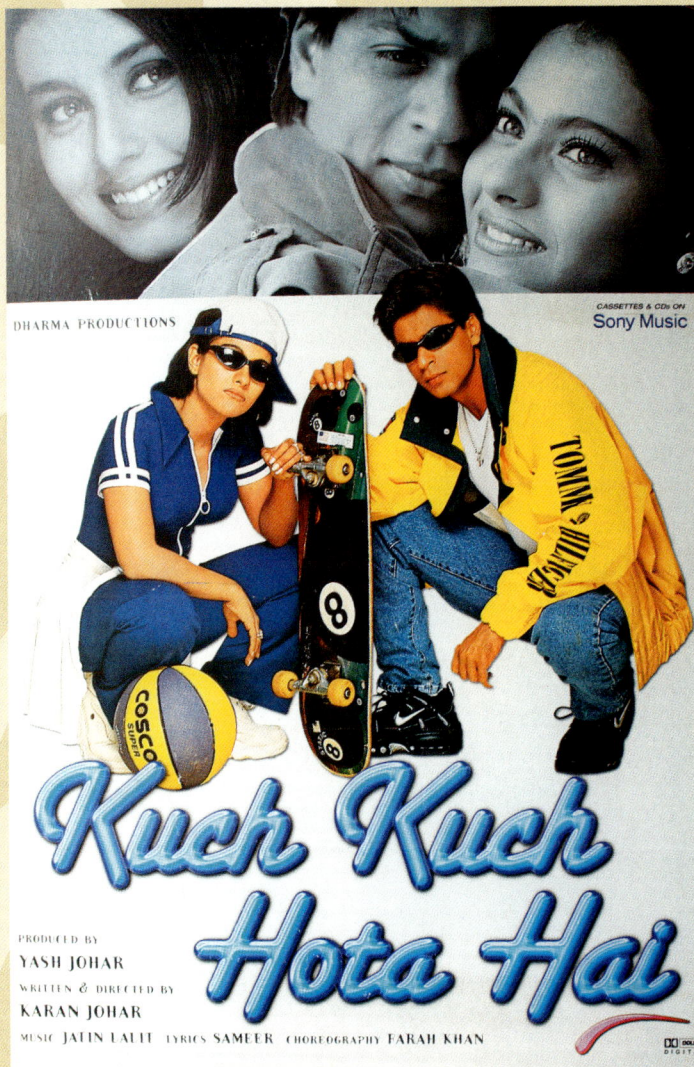

Dieses Gericht, ebenfalls von Chefkoch Jitendra Kumar des »Masala Bay« im »Taj Land's End«, ist eine hervorragende Vorspeise. Dank der leichten Zubereitung ohne Öl ist der Fisch von außen herrlich knusprig und schmeckt sehr aromatisch.

6 Seebrassenfilets	**200 g geschälte,**
40 g Ingwer-Knoblauch-	**halbierte Urdbohnen**
Paste	**(Urad dal)**
Salz	**2 TL rotes Chilipulver**
25 ml frisch gepresster	**30 g Curryblätter,**
Zitronensaft	**geröstet**
150 g frisches Kokos-	**75 g Knoblauch, geschält,**
fleisch, geraspelt	**grob gehackt und**
25 g gelbes Chilipulver	**knusprig hellbraun**
60 g *Chat masala*	**gebraten**
(Seite 154)	
150 g Basmatireis	**Für 6 Personen**

Die Fischfilets in einer Mischung aus Ingwer-Knoblauch-Paste, etwas Salz und der Hälfte des Zitronensafts 5 Minuten marinieren.

Kokosraspel, gelbes Chilipulver, 30 Gramm *Chat masala* und den restlichen Zitronensaft zu einer Paste verarbeiten.

Die Urdbohnen und den Reis zu Pulver zermahlen und mit dem restlichen *Chat masala*, dem roten Chilipulver und den Curryblättern vermischen.

Die Fischfilets erst in der Kokospaste, dann in der Urdbohnenmischung wenden.

Den Fisch in einer Antihaftpfanne ohne Fett von beiden Seiten jeweils etwa 2 Minuten backen.

Mit Knoblauch garnieren und heiß servieren.

Langarwali Dal

300 g geschälte, halbierte
  Urdbohnen *(Urad dal)*
100 g geschälte, halbierte
  Kichererbsen *(Channa dal)*
Salz
1 TL gemahlene Kurkuma
80 g *Ghee*
**25 g frische Ingwerwurzel,
  geschält und gehackt**
**20 g frische grüne Chilis,
  Samen entfernt, gehackt**
10 g Kreuzkümmelsamen
**100 g Tomaten, enthäutet,
  Samen entfernt, gehackt**
1 EL Chilipulver
1 EL gemahlener Koriander
**1 Handvoll frisches Koriander-
  grün**

Für 6 Personen

Dieses Dal *stammt ebenfalls vom Chefkoch Jitendra Kumar des »Masala Bay«. Es wird mit Urdbohnen zubereitet, die für die Küche Nordindiens ganz typisch sind. Der Name geht auf das kostenlose Essen (Langar) zurück, das man den Gläubigen in den Sikh-Tempeln anbietet und zu dem stets dieses* Dal *und dünne Fladenbrote gehören. Traditionell wird es über Nacht mit ganz einfachen Zutaten gekocht, und das Ergebnis ist sehr schmackhaft.*

Urdbohnen und Kichererbsen mit etwas Salz, Kurkuma und 2–3 Liter Wasser in einem großen Topf aufkochen. Bei schwacher Hitze 70 Minuten zugedeckt garen, bis eine cremige Masse entstanden ist. Als Alternative die Hülsenfrüchte mit Salz und Kurkuma 25 Minuten im Schnellkochtopf garen.

Das *Ghee* in einem Topf erhitzen und Ingwer, Chilis und Kreuzkümmel 1–2 Minuten darin anbraten. Tomaten, Chilipulver und gemahlenen Koriander unterrühren und die Mischung noch etwa 5 Minuten garen.

Die Tomatenmischung unter das *Dal* rühren und weitere 5 Minuten köcheln lassen. Mit frischem Koriandergrün bestreuen und heiß mit indischem Brot, *Roti, Chapatti* oder *Naan* (Seite 155), servieren.

Amrita Arora steckt voller Energie. Die liebevoll »Amu« genannte kleine Schwester von Stilikone und Tänzerin Malaika Arora ist selbstbewusst, charmant und hat einen klaren Kopf. Wie die meisten jungen Frauen, die mit dem Bollywoodkino aufwuchsen, war sie süchtig nach den Filmen von Madhuri Dixit und Sridevi. »Sie inspirierten mich dazu, Schauspielerin zu werden – ebenso wie meine Schwester.« Als sie Malaika bei den Proben für das unvergleichliche Lied *Chaiyya Chaiyya* aus dem Film *Dil Se* mit Shah Rukh Khan zusah, stand für sie fest: Sie wollte auch Teil von Bollywood sein.

Ihre Karriere begann jedoch bei MTV. »Ich bin mit diesem Sender aufgewachsen, deshalb war es toll, dort Shows zu moderieren, Gigs auf die Beine zu stellen und so eine ganze Menge Taschengeld zu verdienen.« Einmal traf sie Aamir Khan, der zu ihr sagte: »Du wirst hundertprozentig eines Tages Schauspielerin werden.« Amrita glaubt nicht, dass er sich daran erinnert, aber für sie sind es die schönsten Worte, die ihr jemals gesagt wurden.

Amrita Arora

Ihre ersten Filme waren keine Erfolge, aber sie machte unbeirrt weiter. Die folgenden Filme *Awara Paagal Deewana*, *Ek Aur Ek Gyaraah* und *Fight Club* (das Hindi-Remake des Hollywoodfilms) waren Hits. Ihr meistgesehener und kontroversester Film aber war *Girlfriend*: Es geht um weibliche Homosexualität und ihre Auswirkungen auf eine heterosexuelle junge Frau, die eine wunderschöne Nacht mit einer Freundin verbringt. Während die Moralapostel und die Medien den Film in Stücke rissen, verteidigte ihn Amrita mit Vernunft und klaren Argumenten.

Amrita hat nie gelernt zu kochen, kann aber ziemlich gute Eier zubereiten! »Als Kind hasste ich *dal* und Gemüse – wir lieben Fisch. Meine Mutter stammt aus dem Süden, aus Kerala, deshalb ist ein Großteil des Essens zu Hause keralesisch.« Heute liebt sie London. »Die Stadt vibriert förmlich!« Sie liebt es, im Zentrum zu sein, in Cafés zu sitzen und Schaufenster anzusehen. »Ich mag das Gebiet um Edgware Road mit den Libanesen, Arabern und Iranern und ihrem wunderbaren Essen. Ein anderer Lieblingsplatz von mir ist das ›Chai‹ in Primrose Hill, da gibt es Tee und Plätzchen. Und sie haben Masala-Tee aus Indien. Ich liebe das Essen im ›China White‹ und Abende im ›Pangia‹ oder im ›Rooftop Garden‹.« Einen Teil des Charmes von London macht für Amrita natürlich auch ihr Freund Usman Afzal aus, der im englischen Kricketteam spielt. Ihm mit Chili und Pommes beim Spielen zuzusehen ist für sie ein weiterer Höhepunkt Londons. Außerdem ist sie süchtig nach britischen TV-Komödien. Ihr Leben ist ausgefüllt. Sie tut, was ihr gefällt, und strahlt eine beneidenswerte Selbstsicherheit aus. Weiter so, Mädchen!

Avial

PIKANTES GEMÜSE IN JOGHURT

Fleisch von 1 Kokosnuss,
  geraspelt
6 frische grüne Chilis, Samen
  entfernt
1 EL geröstete
  Kreuzkümmelsamen
400 g Joghurt, über Nacht im
  Musselintuch an einem
  warmen Ort abgetropft
250 g Yamswurzel, geschält,
  in 3 cm breite Würfel
  geschnitten
250 g Wachskürbis oder eine
  andere Kürbisart, in 3 cm
  breite Würfel geschnitten
3 Kochbananen, geschält, in
  3 cm lange Stücke geschnitten
3 *Drumsticks*, geputzt, in 5 cm
  lange Stücke geschnitten
2 Kartoffeln, geschält und
  geviertelt
200 g frische Erbsen, gepalt
¾ TL gemahlene Kurkuma
Salz
50 ml Kokos- oder anderes
  Pflanzenöl
6–8 Curryblätter

Für 6 Personen

In Kerala im Süden Indiens ist dieses Gericht sehr beliebt, und die verwendeten Zutaten sind typisch für die Region. Es eignen sich aber auch Möhren, Bohnen oder andere Kürbisarten.

Kokosfleisch, Chilis und Kreuzkümmel in einem großen Mörser oder im Mixer mit etwas Wasser zu einer Paste verarbeiten. Unter den Joghurt ziehen und beiseitestellen.

Sämtliches Gemüse mit 200 Milliliter Wasser, Kurkuma und etwas Salz in einem Topf aufkochen und weich garen. Die Joghurtmischung unterziehen. Öl und Curryblätter einrühren.

Heiß mit Reis servieren.

TYPISCH INDISCH

Drumsticks sind die unreifen Früchte des in Nordwestindien heimischen Pferderettichbaums. Die wie gekerbte grüne Bohnen anmutenden *Drumsticks* bekommt man außerhalb Indiens nur schwer, darum können sie auch weggelassen werden.

Payasam

MILCHREIS MIT CASHEWNÜSSEN UND ROSINEN

400 g Rundkornreis
1 l Milch
500 g Jaggery, ersatzweise
   brauner Zucker
100 g frisches Kokosfleisch,
   geraspelt
150 g Ghee
1 EL gemahlener Kardamom
75 g Cashewnüsse
50 g Rosinen

Für 6 Personen

Payasam gehört untrennbar zur Tempelkultur des südindischen Kerala und gilt als Speise der Götter. Im Gegensatz zum bekannten Milchreispudding Kheer, den man in ganz Indien isst, bereitet man Payasam nicht mit Zucker, sondern mit Jaggery, dem groben Rohzucker aus Zuckerrohrsaft mit seinem aromatisch-erdigen Geschmack. Wer keinen Jaggery bekommt, kann braunen Zucker verwenden.

Den Reis gründlich waschen und 10 Minuten in kaltem Wasser quellen lassen. Abgießen und mit der Milch in einen großen Topf geben. Zum Köcheln bringen und 30 Minuten sachte köcheln lassen, bis der Reis sehr weich ist. Regelmäßig umrühren.

Den Jaggery zerkrümeln und unter den köchelnden Reis rühren, damit er sich auflöst. Die Kokosraspel und 75 Gramm Ghee untermischen. Unter Rühren aufkochen, bis ein dicker Brei entstanden ist, der aromatisch nach Jaggery duftet. Kardamom unterrühren und den Topf vom Herd nehmen.

Das restliche Ghee in einem kleinen Topf erhitzen und die Cashewnüsse darin goldbraun rösten.

Cashewnüsse und Rosinen über dem Payasam verteilen. Warm als Dessert servieren.

Sambhar

WÜRZIGES DAL AUS ROTEN LINSEN UND GEMÜSE

Dieses Dal gehört in ganz Indien zur beliebten Alltagsküche. Die wichtigste Zutat ist Sambhar masala. Zwar bekommt man diese Gewürzmischung auch als Fertigprodukt im Handel, doch selbst zubereitet schmeckt sie natürlich viel besser. Luftdicht und trocken aufbewahrt, können Sie Ihre eigene Mischung dann bis zu einem Jahr lagern.

FÜR DIE SAMBHAR MASALA:
3 EL Koriandersamen
1 EL Kreuzkümmelsamen
4 getrocknete Chilis
75 g frisches Kokosfleisch, geraspelt
2 EL geschälte halbierte Kichererbsen (Channa dal)
2 EL Bockshornkleesamen

100 g rote Linsen (Masoor dal)
½ TL gemahlene Kurkuma
Salz
2 frische grüne Chilis, halbiert, Samen entfernt
10 Perlzwiebeln, ersatzweise 3 große Zwiebeln, geschält und halbiert

1 Drumstick (Seite 28), in 3 cm lange Stücke geschnitten (nach Belieben)
2 mittelgroße Kartoffeln, geschält und geviertelt
3 Tomaten, gehackt
1 Aubergine, in 3 cm dicke Scheiben geschnitten und halbiert (nach Belieben)
2 EL Tamarindenpaste
2 EL Kokosöl
¼ TL Asafötida
10 Curryblätter
2 frische rote Chilis, längs halbiert, Samen und Scheidewände entfernt
1 EL schwarze Senfsamen

Für 6 Personen

Die Zutaten für die *Sambhar masala* in einer kleinen Pfanne ohne Fett rösten, bis sie leicht gebräunt sind und aromatisch duften. Im Mörser zu einer Paste zermahlen und abkühlen lassen.

Die Linsen mit 1 Liter Wasser, Kurkuma und Salz in einem großen Topf aufkochen. Die Hitze reduzieren. Grüne Chilis, Zwiebeln, *Drumstick* und Kartoffeln hinzufügen, 20 Minuten köcheln lassen. Tomaten und Aubergine untermischen und weitere 20 Minuten köcheln lassen. Zuletzt *Sambhar masala* und Tamarindenpaste unterrühren.

In einem kleinen Topf das Öl erhitzen. Asafötida, Curryblätter, rote Chilis und Senfsamen darin rösten, bis die Senfsamen aufplatzen. Die Mischung unter das *Dal* rühren und dieses noch 10 Minuten köcheln lassen.

Heiß mit Reis, *Idli* (gedämpften Reiskuchen) oder *Dosa* (südindischen Pfannkuchen) servieren.

JOGHURTREIS

500 g Basmatireis
Salz
750 g Joghurt
100 ml Milch (oder nach Bedarf)
2 kleine Salatgurken, geschält
und geraspelt

FÜR DIE GEWÜRZMISCHUNG:
2 EL *Ghee*
1 Prise Asafötida
1 EL schwarze Senfsamen
3 cm frische Ingwerwurzel,
geschält und in feine Streifen
geschnitten
3 getrocknete rote Chilis
10 Curryblätter

1 Handvoll frisches Koriander-
grün, gehackt, zum Garnieren

Für 6 Personen

An einem heißen Sommertag schmeckt nichts so gut wie eine Schale kühler Joghurtreis. Die Spezialität aus Südindien lässt sich leicht zubereiten und wird traditionell als wohltuender Ausklang einer Mahlzeit verzehrt.

Den Reis waschen und 10 Minuten in kaltem Wasser einweichen. Abgießen und in 1,5 Liter Wasser mit etwas Salz ohne Deckel bei schwacher Hitze garen. Sobald die Körner aufquellen, zugedeckt fertig garen. Abgießen und abkühlen lassen.

Den Joghurt cremig schlagen. Den abgekühlten Reis unter den Joghurt ziehen und 30 Minuten quellen lassen. Ist die Mischung zu trocken oder zu dick, etwas Milch unterrühren. Die Gurken untermischen.

In einem Topf das *Ghee* erhitzen. Asafötida, Senfsamen, Ingwer, ganze Chilis und Curryblätter hineingeben. Sobald die Senfsamen aufplatzen, die Mischung über den Joghurtreis geben. Mit frischem Koriander garnieren.

Dazu passen Pickles und *Pappadam*, hauchdünne knusprige Fladenbrote.

Kalan

GEMÜSE IN BUTTERMILCH

100 g Kochbananen, geschält,
in 3 cm lange Stücke
geschnitten
100 g Yamswurzel, geschält, in
3 cm breite Würfel geschnitten
4 frische grüne Chilis, halbiert,
Samen entfernt
¼ EL gemahlene Kurkuma
Salz
1 EL frisch gemahlener schwarzer
Pfeffer
1 EL *Ghee*
1 l Buttermilch oder
500 g fettarmer Joghurt
Fleisch von 1 kleinen Kokosnuss,
geraspelt
½ EL Kreuzkümmelsamen,
geröstet und zermahlen
½ EL gemahlener Bockshornklee

FÜR DIE GEWÜRZMISCHUNG:
1 EL Kokosöl
1 TL schwarze Senfsamen
2 getrocknete rote Chilis
10 Curryblätter

Für 6 Personen

Das beliebte Gericht aus Kerala wird in dem südindischen Bundesstaat ganz unterschiedlich zubereitet. Typisch ist die Verwendung von Buttermilch oder Joghurt, doch die Gemüsesorten und Gewürze variieren. Amrita liebt es sehr: »Kalan kann ich jeden Tag essen!«

In einem Topf 150 Milliliter Wasser aufkochen. Kochbananen, Yamswurzel, grüne Chilis, Kurkuma, Salz und Pfeffer hineingeben und so lange kochen, bis das Wasser absorbiert wurde. Das *Ghee* unterrühren.

Die Buttermilch hinzugießen und die Mischung 10 Minuten kochen lassen. Kokosraspel, Kreuzkümmel und Bockshornklee untermischen. Weitere 5 Minuten kochen lassen.

In einem zweiten Topf das Kokosöl erhitzen, die Gewürze hineingeben und etwa 2 Minuten rösten, bis die Senfsamen dunkel werden und aufplatzen. Über die Gemüsemischung gießen.

Heiß mit Reis oder statt *Dal* zu Fleisch oder Fisch servieren.

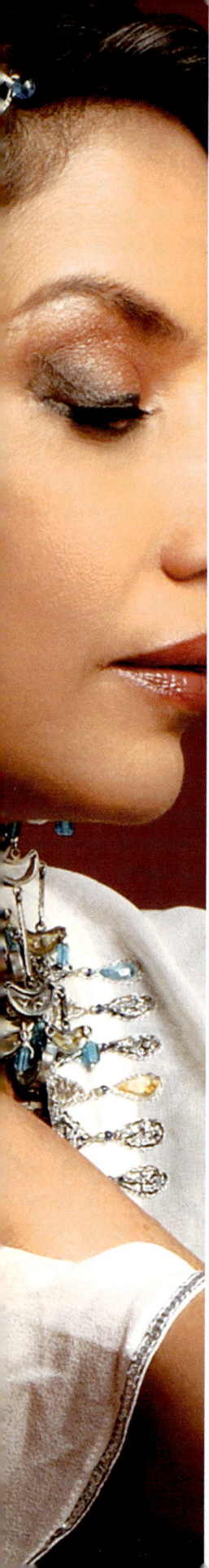

Vor der Vorstellung dieser besonderen Schauspielerin muss man tief Luft holen: 140 Filme, fünf nationale und sechs internationale Preise, Retrospektiven ihrer Filme beim New York Film Festival, im Centre Georges Pompidou in Paris … die Liste ihrer Leistungen ist lang. Ihr Vater ist der Poet Kaifi Azmi, die Mutter die Schauspielerin Shaukat Kaifi. Shabana erinnert sich an eine Kindheit voller Menschen und mit Bergen von wunderbarem Essen, das zu jeder Tageszeit von ihrer Mutter auf die Schnelle zubereitet wurde. Sie hält ihre Mutter für die beste Köchin und Gastgeberin, wenn es um die Küche Hyderabads geht. Die elegante Dame erzählte mir, dass sie auch heute noch selbst die Lebensmittel einkaufen geht, weil sie keiner Haushaltshilfe vertraut, sorgfältig genug zu wählen. Shaukat Kaifi lebt auch heute noch ihr Erbe der Kultur Hyderabads. Shabana erinnert sich an die komplizierte Teezeremonie, die ihre Mutter mit der Kanne aus feinstem Porzellan und dem Tee-kannenwärmer so liebevoll zelebrierte.

Shabana Azmi

Über ihre eigenen Kochkünste sagt Shabana: »Wenn ich nur zwei Minuten auf einen Topf auf dem Herd aufpassen soll, schaffe ich es, ihn komplett anbrennen zu lassen. Ich kann nicht kochen, aber jedes Mal, wenn ich etwas Gutes esse, gehe ich mit einer solchen Intensität auf die Suche nach dem Rezept und seiner Herkunft, als wollte ich es sofort nachkochen.« Ihre Mutter erzählt, dass sie Hühnchen mit Koriander wirklich gut zubereitet, aber das bestreitet Shabana. Trotzdem füllt ihre Rezeptsammlung mittlerweile ein dickes Buch mit kleinen Notizen, Speisekarten als Lesezeichen und Hunderten von Rezepten.

Als wahre Bewohnerin Bombays liebt Shabana Straßenimbisse: *Samosas* (»Die werden noch mal mein Tod sein!«), *bhelpuri* und *bhajias* (würzige, gebratene Snacks) sind ihre Leidenschaft. Und wenn sie nicht zu Hause ist, isst sie Eier in allen Variationen. Während der zwei Jahre an der Filmschule aß sie jeden Tag Eier-*bhurji* (würziges Rührei) und *pao* (indisches Brot) zum Mittagessen, und Eier-curry ist das Gericht, das alle zubereiten, wenn sie für sie kochen sollen. Sie liebt die Regionalküchen Indiens. »Gebt mir Gerichte aus Awadhi, Kerala, Rajasthan … echtes indisches Essen. Das Einzige, was ich außerhalb Indiens essen kann, ist thailändisch, libanesisch und chinesisch.«

Ihre anspruchsvollen, engagierten Filme wie *Arth* und *Fire* sind Kult und haben ihr eine Anhängerschaft von Frauen beschert, die ihre Charaktere als Vorbild sehen. »Ich wurde so erzogen, dass ich Kunst als Mittel der Veränderung verstehe, und manche meiner Filme haben zu einer solchen Veränderung der sozialen Verhältnisse beigetragen.« Als soziale Aktivistin ist sie die Vorsitzende von *Nivara Hakk* (Recht auf Obdach), einem Verein, der sich um die Unterbringung von Slumbewohnern kümmert. Außerdem engagiert sie sich für die Gesundheit der Frauen, deren Erziehung und wirtschaftliche Unabhängigkeit. Shabana Azmi lebt ein kraftvolles Leben.

Bhagare Baingan

AUBERGINEN NACH MOGUL-ART

1 kg Auberginen
3 EL *Ghee*
5 getrocknete Curryblätter
2 frische rote Chilis, halbiert, Samen entfernt
2 EL Kreuzkümmelsamen, ohne Fett geröstet und zermahlen
5 Knoblauchzehen, geschält
Salz
1 TL rotes Chilipulver
1 TL Sesamsamen
2 EL frisch geraspeltes Kokosfleisch
2 EL gemahlener Koriander
1½ EL geröstete, gemahlene Erdnüsse
2 EL Tamarindenpaste

Für 6 Personen

Bei den Festessen der indischen Moguln servierte man diese Auberginen zu den vielen Fleisch- und Reisgerichten.

Die Auberginen waschen und vierteln.

Das *Ghee* in einem Topf erhitzen. Curryblätter, Chilis, Kreuzkümmel und Knoblauch darin 1 Minute rösten. Die Auberginen zugeben.

Mit etwas Salz sowie Chilipulver, Sesamsamen, Kokosraspeln, Koriander und Erdnüssen verfeinern. Bei schwacher Hitze 10 Minuten köcheln lassen, bis die Auberginen weich sind. Die Tamarindenpaste hinzufügen und noch 1 Minute rühren.

Heiß mit dünnen Fladenbroten (*Roti*, Seite 155), *Dal* und Salat servieren.

TYPISCH INDISCH

In Indien werden Curryblätter nicht nur frisch verwendet, sondern auch in der Sonne getrocknet. Bei uns sind sie fast ausschließlich getrocknet erhältlich.

Qabooli

KICHERERBSEN-BIRYANI

6 EL *Ghee*

6 große Zwiebeln, geschält, in dünne Scheiben geschnitten

2 EL Ingwer-Knoblauch-Paste

4 frische grüne Chilis, Samen entfernt, gehackt

1½ TL rotes Chilipulver

1 TL grob gemahlener Kreuzkümmel

14 Kardamomkapseln, nur die Samen, gemahlen

4 ganze Kardamomkapseln

20–25 schwarze Pfefferkörner

6 Gewürznelken

100 ml Joghurt

Je 2 Handvoll frische Minzeblätter und frisches Koriandergrün, gehackt

250 geschälte, halbierte kleine Kichererbsen *(Channa* oder *Gram dal),* 30 Minuten in kaltem Wasser eingeweicht

1 kg Basmatireis, 30 Minuten in kaltem Wasser eingeweicht

2 EL Salz

Für 6 Personen

Auch Vegetarier können ein Biryani genießen, nämlich diese etwas ungewöhnliche, aber wirklich köstliche Variante mit Kichererbsen. »Superb!«, meint Shabana, die Qabooli oft und gern genießt.

Das *Ghee* in einem großen Topf erhitzen und die Zwiebeln darin leicht bräunen. 2 Esslöffel der Zwiebeln herausnehmen und als Garnitur beiseitestellen. Ingwer-Knoblauch-Paste, die Chilis und die getrockneten Gewürze in den Topf geben. Die Mischung 3 Minuten pfannenrühren, dann den Joghurt unterrühren und weitere 2 Minuten köcheln lassen.

Minze, frischen Koriander und Kichererbsen hinzugeben. Sobald die Mischung zu duften beginnt, 750 Milliliter Wasser dazugießen und die Hitze reduzieren. Zugedeckt 30 Minuten köcheln lassen.

Den Reis in 1,5 Liter Salzwasser bissfest garen. Er sollte noch nicht weich sein. Überschüssiges Wasser abgießen.

Reis und Kichererbsenmischung in je drei gleich große Portionen teilen und abwechselnd in einen Topf schichten. Mit einer Schicht Reis abschließen. Den Deckel auf den Topf setzen und verschließen oder mit einem Gewicht beschweren.

Eine große gusseiserne Pfanne bei schwacher Temperatur heiß werden lassen und den fest verschlossenen Topf für 10 Minuten daraufsetzen. Bei dieser Zubereitungsmethode, dem *Dum*-Garen, kann kein Dampf aus dem Topf entweichen, und die Aromen verbinden sich bestens.

Den Topf erst kurz vor dem Servieren öffnen. Mit den restlichen Zwiebeln garnieren und mit Salat, *Raita* (gewürztem Joghurt) und Pickles servieren.

TYPISCH INDISCH

Beim *Dum*-Garen handelt es sich um eine besondere Garmethode, die in den königlichen Küchen entstand. Dafür wurden die Speisen in versiegeltem Kochgeschirr bei schwacher Hitze zubereitet und entwickelten so einen ganz eigenen, intensiven Geschmack. Gekocht wurde traditionell über Kohlefeuer.

Sheer Kurma

MILCHCREME MIT FADENNUDELN UND NÜSSEN

2 l Milch
400–450 g Zucker
10 Kardamomkapseln,
 nur die Samen
1 Prise gemahlener Kardamom
3 EL *Ghee*
300 g dünne Fadennudeln
 (Vermicelli)
75 g Mandeln, in heißem
 Wasser eingeweicht, Haut
 entfernt, halbiert
100 g Pistazien, geschält
1 TL frisch geriebene
 Muskatnuss
1 TL gemahlene Muskatblüte
 (Macis)
2 TL Safranfäden, in 125 ml
 kalter Milch eingeweicht
50 g Rosinen
3 EL Pandan-Essenz
 (nach Belieben)

Für 8–10 Personen

Das klassische Dessert schmeckt nach einem Biryani *aus Hyderabad einfach köstlich und ist eine Lieblingsspeise von Shabana.*

Die Milch in einem großen Topf mit Zucker sowie ganzen und gemahlenen Kardamomsamen bei starker Hitze um die Hälfte einkochen lassen.

In einem zweiten Topf das *Ghee* erhitzen und die Fadennudeln darin dunkelbraun braten. Mandeln und Pistazien hinzufügen. Die eingedickte Milch dazugießen, Muskat und Muskatblüte einrühren. Weitere 3 Minuten kochen lassen, dann die Safranmilch, die Rosinen und die Pandan-Essenz hinzugießen.

Sheer kurma schmeckt sowohl heiß als auch kalt.

TYPISCH INDISCH

Pandan-Essenz wird aus den Blättern der südostasiatischen Pandanus- oder Schraubenpalme gewonnen, ebenso *Kewra*-Wasser (Seite 20), das noch etwas blumiger schmeckt.

Zum Versiegeln des Topfes beim *Dum*-Garen gibt es zwei Varianten:

METHODE 1: Die Arbeitsfläche mit Mehl bestreuen und ein feuchtes Musselintuch (1,5 × 1,5 m) darauf ausbreiten. Das Tuch über das Kochgeschirr legen, sodass die bemehlte Seite den Deckel berührt. Die Tuchenden über dem Deckel verknoten und den Topf auf den Herd stellen. Beim Erhitzen wird das Tuch steif, und der Dampf kann nicht entweichen. Nach dem Garen das Tuch anfeuchten, damit das Mehl und damit auch das Tuch weich wird.

METHODE 2: Einen einfachen Teig aus Wasser und Mehl zubereiten und 1 cm dick ausrollen; damit werden Topf und Deckel versiegelt. Beim Erhitzen wird der Teig fest und lässt ebenfalls keinen Dampf entweichen. Danach bricht man den Teig in Stücken ab.

Hyderabadi Biryani

BIRYANI AUS HYDERABAD

FÜR DAS LAMM:

- **1 kg Lammfleisch aus der Keule, in mundgerechte Stücke geschnitten**
- **½ kg Joghurt**
- **250 g Ghee**
- **6 große Zwiebeln, geschält, in dünne Scheiben geschnitten**
- **Salz**
- **2 EL Ingwer-Knoblauch-Paste**
- **Je 2 Handvoll frische Minzeblätter und frisches Koriandergrün, gehackt**
- **4 frische grüne Chilis, Samen entfernt, gehackt**
- **1½ TL rotes Chilipulver**
- **1½ TL grob gemahlener Kreuzkümmel**
- **14 Kardamomkapseln, nur die Samen, gemahlen**
- **4 ganze Kardamomkapseln**
- **20–25 schwarze Pfefferkörner**
- **6 Gewürznelken**

FÜR DEN REIS:

- **1 kg Reis, gewaschen und 20 Minuten in kaltem Wasser eingeweicht**
- **Salz**
- **1 TL Garam masala (Seite 154)**
- **1 TL Safranfäden, 2 Stunden in 50 ml Milch eingeweicht**
- **Frisch gepresster Saft von 2 Limetten**

Für 6 Personen

Hier kommt ein besonders geschätztes Rezept aus dem Heim der Azmis. Shabanas Mutter, Shaukat Kaifi, ist eine ausgezeichnete Köchin und hat jahrzehntelange Erfahrung mit der Küche ihrer Heimat Hyderabad. Ihre vielen Rezepte möchte sie nun in einem Kochbuch zusammenstellen, und auch diese wunderbare Spezialität gehört dazu.

Das gewürfelte Lammfleisch 1 Stunde oder länger im Joghurt marinieren.

Das Ghee in einem großen Topf erhitzen und die Zwiebeln darin unter ständigem Rühren braten, bis sie zu bräunen beginnen. Sofort die Hitze reduzieren, damit die Zwiebeln nicht dunkler werden. Mit einem Schaumlöffel aus dem Ghee nehmen und auf Küchenpapier verteilen, sodass sie knusprig bleiben.

Das Fleisch in den Topf geben, 5 Minuten pfannenrühren und zwei Drittel der Zwiebeln, etwas Salz und alle übrigen Gewürze und Kräuter hinzufügen. Das Lamm bei schwacher Hitze 1 Stunde garen, bis es zart ist. Den Topf beiseitestellen.

Für den Reis 1,5 Liter Wasser aufkochen und etwas Salz und das Garam masala hineingeben. Den abgetropften Reis hinzufügen und zugedeckt bei schwacher Hitze bissfest garen. (Der Reis sollte noch recht fest und das Wasser verdampft sein.) Reis und Lammfleisch in je drei gleich große Portionen teilen.

In einen großen Topf abwechselnd Lamm und Reis schichten und mit einer Schicht Reis abschließen. Die Safranfäden vorsichtig in der Milch zerdrücken. Limettensaft und Safranmilch über die Schichten gießen. Den Deckel auf den Topf setzen und verschließen oder mit einem Gewicht beschweren.

Eine große gusseiserne Pfanne bei schwacher Temperatur heiß werden lassen und den fest verschlossenen Topf mit dem Biryani für 15 Minuten daraufsetzen. Den Topf 5 Minuten vor dem Servieren vom Herd nehmen. Bei dieser Zubereitungsmethode, dem Dum-Garen (Seite 38/39), kann kein Dampf aus dem Topf entweichen, und die Aromen verbinden sich bestens.

Den Topf öffnen, das Biryani mit den restlichen Zwiebeln garnieren. Heiß mit Salat und Raita (gewürztem Joghurt) servieren.

Amitabh Bachchan, liebevoll »Big B« genannt, genießt in Indien unglaubliche Sympathien. Als der Dreiundsechzigjährige vor Kurzem am Darm operiert wurde, zeugte der Medienrummel davon, wie er auf seine bescheidene, leise Art das Publikum voll in der Hand hat. Er spielte in mehr als 160 Filmen, und seine tiefe, sanfte Stimme und sein zurückhaltender, fast schüchterner Charme verzaubern alle. Die Produzenten überschlagen sich dabei, ihm Drehbücher auf den Leib zu schreiben. Als einer der wenigen Bollywoodschauspieler singt er seine Filmlieder meist selbst und verzichtet auf Play-back. Er moderiert das indische Pendant zu *Wer wird Millionär?* und brachte damit einem indischen Sender den Geldsegen. Seit vielen Jahren ist Amitabh Bachchan schlicht und unangreifbar die nationale Erfolgsikone, der Inbegriff von Bollywood.

Die Bachchans

Lukullische Seele des Hauses Bachchan ist seine Frau Jaya. Sie wuchs in einem bengalischen Haushalt auf und liebt daher Eier. »Ich mochte immer schon das indische Rezept von russischem Salat, denn darin sind viele gekochte Eier.« Noch immer kocht sie bengalisch, allerdings etwas leichter als früher, weil ihr mittlerweile die schweren Masalas und Öle zuwider sind. Sie ist Puristin und legt Wert auf den Eigengeschmack von Gemüse und Fisch. Ihr gesamtes Kochen zeigt Reinheit – sie achtet auf Textur, Farbe und frische Aromen. Die Sonntagsessen zu Hause in Juhu sind unabänderlich südindisch mit den so geliebten *dosas* (Pfannkuchen) und *idlis* (gedämpfte Reiskuchen).

Die ganze Familie liebt die indische Küche – auf Reisen suchen sie als Erstes nach dem besten indischen Restaurant. Vater Bachchan ist Vegetarier, Sohn Abhishek und Jaya essen sehr gerne Fisch und Fleisch. »Außerhalb Indiens ist es schwer, Vegetarier zu sein. Auch wenn er ab und zu Pasta isst, mag er doch am liebsten einfaches Gemüse, *dal* und *chapatti*«, sagt Jaya. Als Amitabh Bachchan allein in New York lebte, kochte ihm ein Koch aus Gujarat jeden Tag frisches Essen.

Unter den Restaurants war früher Nelson Wangs »China Garden« in Bombay der Lieblingsplatz der Familie. Da es aber inzwischen in eine zentrale Einkaufsmeile umgezogen ist, gehen sie nicht mehr dorthin. Jaya spricht voller Anerkennung von den Kebabs im »Sun'n'Sand«-Hotel in Bombay, die ihrer Meinung nach heute noch immer so gut schmecken wie früher. Ihr Koch, Ratan Singh, der seit über fünfundzwanzig Jahren bei ihnen ist, wurde von ihr so ausgebildet, dass er alle Wünsche erfüllen kann. Da sie nicht gerne auf der Straße essen, bereitet ihnen Ratan Singh zu Hause auch typische Straßenimbisse wie Kartoffelküchlein im Brot *(vada pao)* zu.

OBEN: Amitabh und Abhishek Bachchan spielten zusammen in einigen Filmen, etwa in *Bunty Aur Babli* und *Sarkar*. Jetzt sind sie in *Kabhi Alvida Na Kehna*, dem neuen Film von Karan Johar, zu sehen.

Jaya Bachchan, geborene Badhuri, war selbst schon Filmschauspielerin, als sie 1973 Amitabh heiratete. Dass sie ihrem 1,92 Meter großen Ehemann mit ihren 1,57 Metern Größe nicht einmal bis zur Schulter reicht, sollte einen nicht dazu verleiten, sie »nur« als seinen Anhang zu sehen. Nach einer längeren Babypause ist sie seit 1998 nun in anrührenden Mutterrollen, etwa an der Seite ihres berühmten Mannes in *Kabhi Khushi Kabhie Gham,* auf die Leinwand zurückgekehrt. Und sie arbeitet auch als Produzentin.

Abhishek Bachchan, in Anlehnung an seinen Vater »Baby B« genannt, ist mittlerweile auch ein erfolgreicher Schauspieler, der das Beste seiner Eltern in sich vereint. Seine Auftritte haben Jayas Spontaneität und verschmitzten Charme und die Präsenz und den Ernst des Vaters. Die Rollen des Lallan in *Yuva* oder des Bunty in *Bunty Aur Babli* zeugen von seinen vielfältigen Fähigkeiten. Abhishek ist bei den Jugendlichen sehr beliebt und trägt die Last seines Ruhms mit Leichtigkeit. Und was das Essen betrifft, so hat er eine Vorliebe für Hüttenkäse in Butter-Masala *(paneer makhani)* und würziges Tandoori-Huhn in Butter-Masala *(murgh makhani).* Zu Hause isst er am liebsten Kartoffelküchlein *(aaloo tikki)*, Bananenchips und würziges Salzgebäck *(chiwda).*

Das indische Kino verdankt den Bachchans viel. Sie repräsentieren die feinsten kulturellen Traditionen und haben die ihnen entgegengebrachten Lobeshymnen wirklich verdient.

Hara Channa Masala

MUNGOBOHNEN MIT FRÜHLINGSZWIEBELN

2 EL Pflanzenöl
4 Frühlingszwiebeln, nur die weißen und die unteren 7 cm der grünen Teile, in Scheiben geschnitten
500 g frische Mungobohnen, gepalt
Salz
1 EL Garam masala (Seite 154)

Für 6 Personen

Die Bachchans lieben dieses herrlich einfache Gericht. Mungobohnen werden im Winter in Nordindien angebaut und zum Verzehr in der Hülse über einem offenen Feuer geröstet. Die Hülsen platzen auf, und die heißen grünen Mungobohnen werden einfach so oder mit etwas Zitronensaft gegessen. Köstlich!

Das Öl in einem Topf erhitzen und die Frühlingszwiebeln 2–3 Minuten darin braten. Die Mungobohnen hinzufügen und bei schwacher Hitze etwa 10 Minuten mitbraten. Mit Salz abschmecken. Die Mungobohnen sind gar, wenn sie sich leicht zerdrücken lassen.

Mit Garam masala bestreuen und heiß mit dünnem Fladenbrot (Roti, Seite 155) und Dal servieren.

Aachari Aaloo

KARTOFFELN IN MANGO-PICKLE-SAUCE

2 EL Pflanzenöl
2 Zwiebeln, geschält und fein gehackt
3 Tomaten, enthäutet, Samen entfernt, gehackt
Salz
1 TL gemahlene Kurkuma
8 große Kartoffeln, geschält und geviertelt
2 EL Mango-Pickle-Sauce
1 Handvoll frisches Koriandergrün, gehackt

Für 6 Personen

Eingelegte Mangos sind Indiens beliebteste Pickles. Hier werden jedoch nicht die Mangostückchen verwendet, sondern nur die Einlegflüssigkeit – die Mango-Pickle-Sauce.

Das Öl in einer großen Pfanne erhitzen. Unter ständigem Rühren die Zwiebeln darin bei starker Hitze goldbraun braten. Die Tomaten dazugeben und die Mischung so lange pfannenrühren, bis eine feine Paste entstanden ist.

Salz und Kurkuma unterrühren und nach etwa einer Minute die Kartoffeln und 50 Milliliter Wasser hinzufügen. Zugedeckt bei schwacher Hitze etwa 20 Minuten köcheln lassen, bis das Wasser eingekocht ist.

Die Mango-Pickle-Sauce (ohne Mangostückchen) unter die Kartoffeln rühren und mit frischem Koriander garnieren. Mit dünnen Fladenbroten (Roti, Seite 155), Dal und Raita (gewürztem Joghurt) servieren.

Aaloo Tikki aur Pudine ki Chutney

KARTOFFELKÜCHLEIN MIT MINZ-CHUTNEY

FÜR DAS MINZ-CHUTNEY:
250 g frische Minze, gewaschen, Stängel entfernt
1 große Zwiebel, geschält, gehackt
2 große frische grüne Chilis, Samen entfernt
Frisch gepresster Saft von 3 Zitronen
½ TL Salz, eventuell mehr nach Geschmack
½ TL frisch gemahlener schwarzer Pfeffer

FÜR DIE KÜCHLEIN:
1,5 kg Kartoffeln, gegart, gepellt, abgekühlt und zerstampft
2 EL Kreuzkümmelsamen, ohne Fett geröstet und fein zermahlen
1 EL frisch gemahlener schwarzer Pfeffer
Salz
6 EL Pflanzenöl

Für 6 Personen

Aaloo tikki ist Abhishek Bachchans Lieblingsgericht und auch beim Rest der Familie sehr beliebt. In Indien gibt es so manche Variante der Küchlein (etwa mit Erbsenpüree gefüllt), doch die Bachchans bevorzugen die einfache Version. Das Minz-Chutney wird stets mit frischer Minze bereitet und noch am selben Tag gegessen, damit es wunderbar aromatisch schmeckt.

Die Zutaten für das Chutney im Mixer pürieren und zum Servieren in eine Schale füllen.

Die zerstampften Kartoffeln gründlich mit den Gewürzen vermischen und mit Salz abschmecken. Die Masse zu kleinen Kugeln formen und zu Küchlein flach drücken.

In einer Pfanne etwas Öl bei mittlerer Temperatur erhitzen. Die Küchlein portionsweise ins heiße Fett setzen, nach einer Minute auf starke Hitze schalten. Von beiden Seiten goldbraun und knusprig braten.

Auf Küchenpapier abtropfen lassen. Sehr heiß mit Minz-Chutney servieren.

GARNELEN IN BLATTGEMÜSE

2 EL Pflanzenöl
1 EL bengalisches *Panchphoran*
**500 g große Garnelen, geschält,
Darm entfernt**
**500 g junger Spinat, gewaschen,
grob gehackt**
**Frische Blätter von 3 Radieschen,
gewaschen, grob gehackt
(nach Belieben)**
**1 kleiner Weißkohl, gewaschen,
grob gehackt**
Salz
1 Prise Zucker

Für 6 Personen

*Jaya Bachchan präsentiert uns hier ihre leichte Variante einer bengalischen Speziali-
tät, die den Eigengeschmack von Garnelen und Gemüse wunderbar bewahrt.*

Das Öl in einem Topf erhitzen und das *Panchphoran* darin rösten, bis es dunkel
wird. Die Garnelen dazugeben und von beiden Seiten braten, bis sie hellrosa sind.

Das Gemüse hinzufügen und zugedeckt 10 Minuten garen. Mit etwas Salz und
Zucker würzen und alles sachte vermischen. Die ausgetretene Flüssigkeit sollte verdampft sein und das Gemüse einen angenehmen Biss haben. Heiß mit Reis und *Dal*
servieren.

TYPISCH INDISCH

Für die Gewürzmischung *Panchphoran*, die es auch fertig zu kaufen gibt, werden
die ganzen Samen von Kreuzkümmel, Bockshornklee, schwarzem Senf, Schwarzkümmel und Fenchel zu gleichen Teilen vermischt.

51

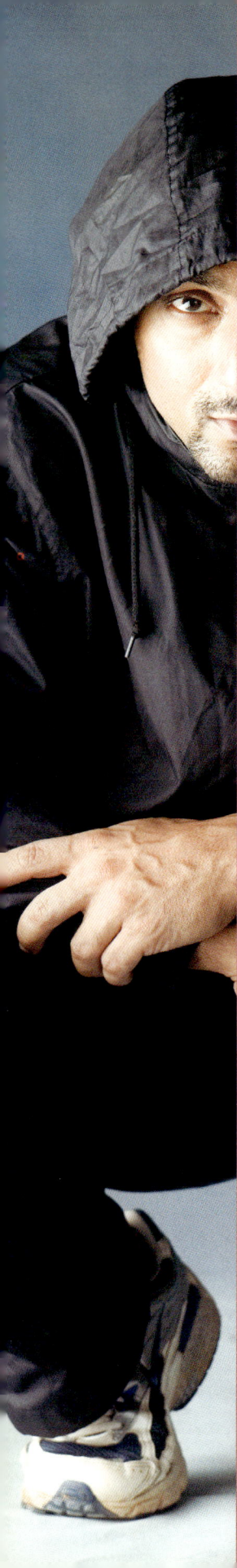

Rahul Bose hat sich eine intelligente und interessante Karriere in der Filmwelt aufgebaut, die sich nur manchmal mit der typischen Bollywoodwelt überschneidet. Seine jüngsten Auftritte in *Kaalpurush*, *Mr & Mrs Iyer* und *Mumbai Matinee* zeugen von seinem zurückhaltenden Spiel und der Fähigkeit, fiktiven Charakteren Glaubwürdigkeit zu verleihen. Nachdem er zunächst auf der Bühne begann, ging er mit dem Kultfilm *English, August* zum Kino über und hat seitdem einen beachtlichen Aufstieg hingelegt – ohne je zu einem Vorsprechen gehen zu müssen. Außerdem ist er sehr stolz auf sein Regiedebüt mit dem kleinen Independentfilm *Everybody Says I am Fine*.

Und er liebt Essen. Er spricht davon mit leuchtenden Augen und genauen Erinnerungen. »Als Kind war ich von den hell erleuchteten Süßigkeitenläden von Kalkutta fasziniert. Zur *Puja*-Zeit gab es Süßigkeiten in Form von Rennwagen, Flugzeugen, Raumschiffen … unvergesslich. Vielleicht verwende ich das einmal in einem Film.«

Rahul Bose

Drei Ks beherrschen seinen Gaumen: Kalkutta, Kasauli und Kolhapur – jeweils mit einem anderen kulinarischen Charakter. Die feurigen Gerichte im westindischen Kolhapur empfindet er als sehr maskulin und reich an Körper, die bengalische Küche in Kalkutta begeistert ihn hingegen wegen ihrer Subtilität. Sommer in Kasauli bedeutete punjabisches Essen: *parathas*, *lassi* und Wassermelonen. Die unschlagbaren Gerichte allerdings bereitet sein Vater zu – Rupen Bose liebt es, zu kochen. Zum Hochzeitsempfang seiner Tochter kochte er für 125 Leute. »Er stand dafür drei Tage in der Küche – was für ein Essen!«

»Die frühesten Erinnerungen an Essen verbinde ich nicht mit den Gerichten, sondern mit dem Einkauf. In Bengalen geht der Mann einkaufen. An Sonntagen nahm mein Vater mich mit in die Basare. Vor dem Kaufen probierten wir die Erbsen und prüften die Haut der Auberginen auf Festigkeit und Dicke, die Enden der Bohnen knipsten wir ab, um die Frische zu testen. Um nicht verloren zu gehen, hing ich die ganze Zeit am Zeigefinger meines Vaters, der sich für mich kräftiger anfühlte als ein Baumstamm.«

Das beste Essen, an das er sich erinnert, war in Gwalior: an einem frostig kalten Januarmorgen gegen drei Uhr, als nur eine einfache Imbissbude geöffnet hatte und sie auf sacktuchbedeckten *charpoys* saßen und alles aufgetischt wurde, was es dort gab – Hammelcurry, frische Erbsen mit Tomaten und Fladenbrot aus dem Tandoor-Ofen. »Die Erbsen waren süß und zerplatzten im Mund, so frisch waren sie. Jeder Koch der Welt wird dir sagen, dass das Essen am besten ist, wenn die natürlichen, frischen Aromen herauskommen. Und genau das war bei diesen Gerichten der Fall.«

Auf seinen vielen Reisen hat Rahul die Küchen in ganz Indien kennengelernt. Sein Lieblingskoch ist Ananda Solomon, das Lieblingsrestaurant unter den indischen ist das »Sonar Goam« im »Taj Bengal«. Ananda Solomon hat er beim Aufbau des »Thai Pavilion« und dem Anbau von thailändischen Kräutern im Gärtchen hinter dem Restaurant beobachtet. Rahul selber kocht nicht, aber sein Interesse an Essen und Geschichte ist sehr lebendig. Er gibt gerne historische Einblicke in die Entwicklung der bengalischen Küche und die awadhischen und kolonialbritischen Einflüsse auf die modernen Gerichte.

Rahuls jüngste Arbeiten sind spannend, besonders der internationale Film *Road to the sky* von Santosh Sivan, eine Komödie mit Mallika Sherawat, *Pyaar Ke Side Effects* und *The Whisperers*. Er sucht weder Ruhm noch Geld und hat daher die Freiheit, an wirklich inspirierenden Projekten zu arbeiten.

STUDIO LINE

JHAAMUU SUGHAND
PRESENTS

PJ. SUGHAND PRODUCTIONS '

Memories in the Mist...

A FILM BY BUDDHADEB DASGUPTA

MITHUN CHAKRABORTHY   RAHUL BOSE   SAMEERA REDDY   SUDIPTA CHAKRABORTHY   LABONY SARKAR
CAMERAMAN SUDIP CHATTERJEE   SOUND ANUP MUKHOPADHYAY   ART DIRECTOR SAMIR CHANDA   EDITOR SANJIB DUTTA   ONLINE PRODUCER DULAL K. RAY
ASSOC. DIRECTORS ARUN GUHA THAKURTA   SOHINI DASGUPTA   MUSIC BISWADEB DASGUPTA   EXECUTIVE PRODUCER SANJAAY ROUTRAY
PRODUCER JUGAAL SUGHAND   STORY, SCRIPT & DIRECTION BUDDHADEB DASGUPTA

LINKS: Rahul Bose war in den letzten Jahren das Aushängeschild des indischen Kunstfilms. Sein Regiedebüt zeigt moderne Menschen in Bombay und ihr ungeordnetes Innenleben.

OBEN: In Buddhadeb Dasguptas neuem Film spielt Rahul Bose einen Mann, der mit einer ehrgeizigen Frau verheiratet ist und über seinen Erfolg mit seinem Vater in Konflikt gerät.

Shaami Kebabs

WÜRZIGE KEBABS

1,5 kg Lammhackfleisch

250 g geschälte halbierte kleine Kichererbsen *(Channa dal)*, **20 Minuten in Wasser eingeweicht**

1½ TL rotes Chilipulver

3 EL Ingwer-Knoblauch-Paste

1 TL *Garam masala* **(Seite 154)**

Salz

3 mittelgroße Zwiebeln, geschält und fein gehackt

5 frische grüne Chilis, Samen entfernt, fein gewürfelt

Je 1 Bund frisches Koriandergrün und frische Minze, gehackt

12 TL Pflanzenöl

Für 6 Personen

Die Mutter von Rahul Boses engstem Freund Faisal, Naseem Siddiqui, bereitet köstliche Shaami Kebabs, *und sie verriet uns ihr Rezept. Als klassische Beigabe reicht man Kachumber,* eine Mischung aus fein gehackten Zwiebeln, Gurken und Tomaten sowie Zitronensaft, Salz und roten Chilis.

Lammfleisch, abgetropfte Kichererbsen, Chilipulver, Ingwer-Knoblauch-Paste, *Garam masala* und eine kräftige Prise Salz in einen Topf geben und mit 200 Milliliter Wasser bedecken. Aufkochen, entstehenden Schaum abschöpfen. Zugedeckt 45 Minuten bei schwacher Hitze köcheln lassen, bis das Wasser eingekocht ist. Vom Herd nehmen, abkühlen lassen und im Mixer 2 Minuten zerhacken.

Die Masse in einer Schüssel mit Zwiebeln, Chilis, Koriandergrün und Minze vermischen. Daraus 12 gleich große Kugeln formen und zu Kebabs leicht flach drücken.

In einer Antihaftpfanne möglichst wenig Öl erhitzen und die Kebabs von beiden Seiten knusprig und goldbraun braten.

Heiß mit Minz-Chutney oder einem anderen Chutney, etwa aus süßer Mango oder Zitrone, servieren.

BENGALISCHES TOMATEN-CHUTNEY

1 kg Tomaten
100 g *Jaggery* (grober Rohrzucker), ersatzweise brauner Zucker
10 Datteln, entsteint
10 getrocknete Aprikosen
50 g Rosinen
2 EL Senföl
1 EL schwarze Senfsamen
Salz

Dieses Tomaten-Chutney schmeckt unwiderstehlich gut und gehört, nach Meinung von Rahuls Vater Rupen Bose, zu einem guten bengalischen Essen einfach dazu. Im Kühlschrank aufbewahrt, hält es sich mehrere Tage.

Zum Enthäuten der Tomaten diese auf der Unterseite kreuzweise mit einem scharfen Messer einschneiden und in einen Topf mit kochendem Wasser geben. Nach 1 Minute herausnehmen und unter fließendes kaltes Wasser halten. Nun lässt sich die Haut leicht abziehen, dabei an den Einschnitten beginnen. Die Tomaten vierteln.

Tomaten, *Jaggery*, Datteln, Aprikosen, Rosinen und etwas Salz in einen Topf geben und bei schwacher Hitze 10 Minuten köcheln lassen. Mit einer Schöpfkelle Tomaten und Trockenobst vorsichtig zerdrücken. Der *Jaggery* löst sich beim Kochen auf.

In einem kleinen Topf das Senföl erhitzen und die Senfsamen hinzufügen. Sobald diese aufplatzen (nach weniger als 1 Minute), die Mischung über dem Chutney verteilen.

Kalt servieren. Das säuerliche Chutney passt zu vielen indischen Gerichten, ganz besonders zu bengalischen Spezialitäten.

Mutton Chop Masala

WÜRZIGE LAMMKOTELETTS

2 EL Koriandersamen
½ TL Kreuzkümmelsamen
**1,5 kg Lamm- oder Ziegen-
koteletts, trocken getupft**
3 EL Salz
2 EL gemahlene Kurkuma
1 EL rotes Chilipulver
**1 kleine grüne Papaya, geschält,
Fruchtfleisch püriert**
50 g Lammfett (vom Metzger)
3 EL Pflanzenöl
**Frisch gepresster Saft von
2 Zitronen**
**5 g Safranfäden, in 25 ml
Wasser eingeweicht**

Für 6 Personen

Rahul Boses Vater ist ein enthusiastischer Koch, der genau weiß, worauf es bei seinen Rezepten ankommt. Für dieses Gericht bevorzugt er eigentlich Ziegenfleisch, denn es ist dunkler und schmeckt intensiver als Lamm. Außerdem empfiehlt er, bei der Hälfte der Koteletts den Knochen vom Metzger entfernen zu lassen, denn so hat man mehr Fleisch. Ursprünglich stammt das Gericht übrigens von der Masjid-Gemeinschaft aus Kalkutta.

Koriander und Kreuzkümmel in einer kleinen Pfanne ohne Fett goldbraun rösten. Im Mörser zu einem groben Pulver zermahlen.

Die Lammkoteletts auf einer Platte mit den zermahlenen Gewürzen, Salz, Kurkuma, Chilipulver und der pürierten Papaya bedecken. 1½ Stunden marinieren lassen, dabei ab und zu wenden.

Das Lammfett mit dem Öl in einem flachen Topf erhitzen, bis es schmilzt. Die Koteletts darin kräftig anbraten. Herausnehmen, 250 Milliliter Wasser vorsichtig zu dem verbliebenen Fett gießen und einige Minuten kochen lassen. Die Koteletts wieder in den Topf geben. Zugedeckt etwa 30 Minuten köcheln lassen, bis das Fleisch weich und die Flüssigkeit eingekocht ist. Zitronensaft und Safranwasser hinzugießen. Heiß servieren.

Dazu passen dünne Fladenbrote (*Roti*, Seite 155) oder auch anderes Fladenbrot.

Baingan Ka Bharta

GEGRILLTES AUBERGINENPÜREE

3 große Auberginen

FÜR DIE MASALA:
5 EL Pflanzenöl
**4 große Zwiebeln,
geschält und gehackt**
**6 Knoblauchzehen,
geschält und gehackt**
**3 cm frische Ingwer-
wurzel, geschält und
gehackt**
3 TL gemahlener Koriander
1 TL rotes Chilipulver
100 ml süße Sahne
Salz
**1 Bund frisches Koriander-
grün, gehackt**

Für 6 Personen

Dies ist Rahul Boses vegetarisches Lieblingsgericht. Er hat es schon oft gegessen, erinnert sich aber vor allem an Tutu Thukrals Variante. Von ihr stammt dieses Rezept. Der rauchige Geschmack entsteht durch das gekonnte Rösten der Auberginen. Früher legten die Köche die Auberginen für 10 Minuten in den Lehmofen (Tandoor), und so machen es die Dhaba (einfache Imbissbuden) an den Straßen im Norden noch heute.

Die Auberginen über einer Gasflamme oder auf dem Holzkohlengrill rösten, bis die Haut schrumpelig wird und aufplatzt. Abkühlen lassen und die Haut abziehen. Die Auberginen zerstampfen und beiseitestellen.

In einer großen Pfanne das Öl erhitzen und die Zwiebeln darin leicht bräunen. Knoblauch und Ingwer dazugeben und einige Minuten mitbraten. Gemahlenen Koriander und Chilipulver untermischen, weitere 3–4 Minuten braten, bis sich das Öl absetzt. Die Sahne einrühren und die Mischung 1 Minute pfannenrühren. Die zerstampften Auberginen hinzufügen, mit Salz würzen, alles gut vermischen und noch weitere 3–4 Minuten garen.

Mit frischem Koriander garnieren.

Dal

LINSEN-DAL

**150 g rote Linsen
(Masoor dal), gründlich
gewaschen**
Salz
½ TL gemahlene Kurkuma
2 EL *Ghee*
**1 kleine Zwiebel, geschält
und gehackt**
**4 Knoblauchzehen,
geschält und fein
gehackt**

Für 6 Personen

Rahul liebt jede Art von Dal. Hierbei handelt es sich um ein unkompliziertes Rezept seines Vaters für ein leichtes Dal aus roten Linsen.

In einem Topf mit schwerem Boden 500 Milliliter Wasser aufkochen und die Linsen mit etwas Salz und der Kurkuma hineingeben. Wenn das Wasser aufwallt, die Hitze reduzieren. Etwa 20 Minuten köcheln lassen, bis die Linsen das Wasser absorbiert haben. Dieses *Dal* ist relativ dickflüssig.

In einem kleinen Topf das *Ghee* erhitzen. Zwiebel und Knoblauch darin leicht bräunen und über dem *Dal* verteilen.

Shosher Machch

FISCH IN SENFSAUCE

**20 g schwarze Senfsamen,
über Nacht in etwas Wasser
eingeweicht**
**1 Karpfen oder 1 Regenbogen-
forelle (etwa 2 kg)**
1 TL gemahlene Kurkuma
1 EL Salz
5 EL Senföl
**3 große Zwiebeln, geschält,
grob gehackt**
**2 frische grüne Chilis, Samen
und Scheidewände entfernt,
geviertelt**
**Saft von 5 cm frischer Ingwer-
wurzel**
3 EL Joghurt
**1 Handvoll frisches Koriander-
grün**

Für 6 Personen

Dieses Rezept von Rupen Bose ist die leichtere Variante eines echten Klassikers der bengalischen Küche. Gern denkt Rahul daran zurück, wie er als kleiner Junge seinen Vater Rupen beim Einkaufen von Lebensmitteln begleitete. Den Höhepunkt bildete dabei stets die sachkundige Wahl der Fische.

Die Senfsamen im Mörser grob zermahlen. Den Fisch filetieren, von den Schuppen befreien und mit der Haut in große Stücke schneiden. (Kopf und Schwanz werden in Indien gerne mitgegart, können aber auch entfernt werden.)

Die Fischstücke 5–10 Minuten in einer Mischung aus Kurkuma, Salz und 2½ Esslöffeln Senföl marinieren.

Das übrige Öl in einem großen niedrigen Topf erhitzen und die Zwiebeln darin goldbraun braten. Die Fischstücke nacheinander hineingeben. Wenn sie fest und opak werden, die Stücke wenden. Senfsamen, Chilis, Ingwersaft und Joghurt vorsichtig einrühren und den Fisch dabei gleichmäßig bedecken. Nach Belieben für 3 Minuten in die Mikrowelle geben, damit der Fisch möglichst nicht zerfällt. Wird das Gericht nur auf dem Herd gegart, die Fischstücke sehr vorsichtig wenden.

Mit frischem Koriander garnieren und heiß zu gedämpftem Reis reichen.

Wie ein Adler fliegt Nandita Das durch ihr Leben. Während der Filmfestspiele 2005 in Cannes war sie Mitglied der Jury und verblüffte mit auffallender Ethnokleidung und -schmuck die weltweite Gemeinschaft von Filmemachern. Nandita weiß ziemlich genau, was ihr steht, und setzt ihr Aussehen sehr vorteilhaft ein.

Sie studierte im heimatlichen Delhi im Magisterstudium Sozialarbeit. Mit der Rolle in *Fire*, einem provokativen Film über sexuelle Irrwege in einer heuchlerischen indischen Familie, begann ihr Doppelleben als Sozialarbeiterin und Schauspielerin. Stets sucht sie sich Filme aus, die die harte Realität widerspiegeln, etwa in *Bhawander*, einem Film, der auf der wahren Geschichte des Opfers einer Vergewaltigung durch eine Gang basiert, das im ländlichen Rajasthan um Gerechtigkeit kämpft. Ihre Filmkarriere deckt die ganze Bandbreite von internationalen

Nandita Das

Filmen wie *Provoked* bis zu indischen Filmen in vielen Sprachen ab – Nandita hat keine Berührungsängste. Sie führte auch Regie bei Kurzfilmen zu sozialen Themen und arbeitet am Drehbuch für ihren ersten eigenen Spielfilm. Ihrem Vater, dem Maler Jatin Das, verdankt sie wunderbare kulinarische Erlebnisse. Nandita hat sein Kochen als farbenprächtige Angelegenheit in Erinnerung. »Für mich ist die Erinnerung an Alphonso-Mangos, die in verschiedenen Ecken des Hauses heranreiften und unterschiedliche Farbstadien zeigten, einfach unvergesslich.« Grundsätzlich war die Gästeliste lang, die Speisen ausgesucht und die Präsentation des Essens von Jatin Das' Gefühl für Farben und Design geprägt.

Nanditas stärkste Erinnerungen an Essen stammen aus Baripada in Orissa, einem östlichen Staat Indiens, der eng mit der Kultur Bengalens verwandt ist. Hier verbrachte sie ihre Sommerferien im Haus der Familie nahe des Jagannath-Tempels. Sogar das *bhod* (das heilige Essen) des Tempels schmeckte köstlich, ob es nun *dal* oder Süßigkeiten waren. Im Unterschied zu anderen indischen Küchen werden hier nur wenige Gewürze verwendet, damit der Geschmack der Hauptzutat richtig zur Geltung kommt.

RECHTS: Nandita Das am Drehort Amravati für *Matti Mai* unter der Regie von Chitra Palekar. Der Film thematisiert den noch immer weitverbreiteten Glauben an Hexerei im ländlichen Maharashtra.

Wenn sie auswärts isst, geht sie gerne ins »Aap Ki Khatir« in Delhis Stadtteil Nizamuddin, wo das *Kakori*-Kebab förmlich auf der Zunge zergeht, oder ins »Sagar« in Defence Colony, wo es südindisches Essen gibt. Ab und zu kocht sie auch selbst. »Ich glaube, dass wir aufgehört haben, auf unseren Instinkt zu hören. Wir hören ständig neue Theorien und achten nicht mehr darauf, was unser Körper haben will.« Würde man die unterschiedlichen Regionalküchen Indiens bekannter machen, wäre das nach ihrer Meinung ein Weg, die widersprüchlichen Facetten des Landes zu verbinden. Denn für sie kommt durch das Essen automatisch die Sensibilität gegenüber einer anderen Kultur.

Bhaddi Chura

URDBOHNENPASTE

500 g geschälte, halbierte Urdbohnen (Urad dal)
2 EL grob gemahlener schwarzer Pfeffer
Salz
Pflanzenöl zum Braten
2 Zwiebeln, geschält, zu feiner Paste zerrieben
6 Knoblauchzehen, geschält, zu feiner Paste zerrieben
4 grüne Chilis, Samen entfernt, zu feiner Paste zerrieben
6 EL Senföl
Salz

Für 6 Personen

Aus Orissa, einem ostindischen Staat am Golf von Bengalen, stammt diese Spezialität. Bhaddi, eine Paste aus Urdbohnen, die in der Sonne getrocknet wird, kennt man in ganz Indien, wenn auch mit variierenden Gewürzen. Im Gegensatz zu Punjabi bhaddi ist die Variante aus Orissa nicht besonders scharf, aber sehr schmackhaft.

Die Urdbohnen 3 cm hoch mit kaltem Wasser bedecken und über Nacht einweichen lassen. Am nächsten Tag mit dem Einweichwasser im Mixer zu einer dicken, glatten Paste pürieren. Mit Pfeffer und Salz abschmecken.

Auf einem gut gefetteten Backblech große Portionen der pürierten Urdbohnen verteilen. 2 Tage im Freien in der Sonne trocknen lassen oder bei 140 °C für 2 Stunden in den Backofen schieben. Die Portionen werden trocken und hart und heißen nun *Bhaddi*.

Die *Bhaddi* in etwas Pflanzenöl braten, bis sie bräunen. Abkühlen lassen und mit den Fingern zur sogenannten *Chura* zerkrümeln. Zwiebel-, Knoblauch- und Chilipaste untermischen, mit Salz und Senföl verrühren.

Aaloo Pahto

GEBRATENE KARTOFFELN IN MOHNSAMEN

500 g Kartoffeln, geschält und gewürfelt
50 g Mohnsamen, in Wasser eingeweicht
4 EL Senföl
3 große Zwiebeln, geschält und fein gehackt
10 g Schwarzkümmel
Salz

Für 6 Personen

Nandita erinnert sich mit großer Zuneigung an ihre Tante Sarojini Patnaik, eine wunderbare Köchin. Dieses Rezept stammt von ihr.

Die vorbereiteten Kartoffeln mit kaltem Wasser bedecken, da sie an der Luft schnell dunkle Stellen bekommen.

Die abgegossenen Mohnsamen im Mörser zu einer groben Paste zerreiben.

In einem Topf das Öl erhitzen und die Zwiebeln darin leicht bräunen. Den Schwarzkümmel untermischen. Die Kartoffeln abgießen und mit der Mohnpaste und etwas Salz ebenfalls hinzufügen. Zugedeckt bei schwacher Hitze braten, bis die Kartoffeln weich sind. Heiß mit Reis servieren.

Pokhaalo

FERMENTIERTER REIS

300 g Basmatireis
2 frische rote Chilis
5 cm frische Ingwer-
wurzel, geschält und
gerieben
1 EL Kreuzkümmelsamen,
ohne Fett geröstet und
gemahlen
Salz

Für 6 Personen

Pokhaalo *ist ein einfaches traditionelles Gericht aus dem ostindischen Bundesstaat Orissa, wo in vielen Haushalten noch Tontöpfe zum Kochen verwendet werden. Für Nandita hat es eine besondere Bedeutung, denn es erinnert sie an heiße Sommertage, die sie in den Ferien mit all ihren Cousinen in Baripada verbrachte. Dieses Rezept hat uns ihre Cousine Uttara Patnaik zur Verfügung gestellt.*

Den Reis am Vortag zubereiten. Dafür den Reis gründlich waschen und mit etwa 750 Milliliter Wasser in einen Topf füllen. (Je nach Reissorte kann die benötigte Wassermenge leicht variieren, darum eventuell etwas mehr oder weniger Wasser verwenden.)

Zum Kochen bringen und etwa 15 Minuten bei schwacher Hitze köcheln lassen. Ist der Reis fertig gegart, sind die Körner schön lang und weich.

Den Reis in einen nicht glasierten Tontopf geben und etwa 4 cm hoch mit frischem Wasser bedecken. Zugedeckt über Nacht an einem warmen Ort fermentieren lassen.

Am nächsten Tag die Chilis am Stielansatz über einer Gasflamme rösten, bis sich dunkle Stellen zeigen. Abkühlen lassen und im Mörser zerreiben. Ingwer, zerriebene Chilis, Kreuzkümmel und etwas Salz unter den Reis mischen.

Besonders gut schmeckt *Pokhaalo* mit *Bhaddi chura* (Seite 62).

Dahi Baingan

AUBERGINEN IN JOGHURT

3 große Auberginen
2 TL Salz
1 TL gemahlene Kurkuma
8 EL Senföl
9 Knoblauchzehen, geschält und
in Scheiben geschnitten
500 ml Joghurt
1 EL Zucker
½ EL Asafötida
6 Curryblätter
1 EL schwarze Senfsamen
3 getrocknete rote Chilis

Für 6 Personen

Diese Auberginen sind Nanditas Spezialität, sie kocht sie für all ihre Gäste. Denn an einem heißen Tag schmeckt nichts besser, und in Delhi gibt es viele heiße Tage. Zudem ist das Gericht schnell zubereitet und eignet sich ideal für unerwarteten Besuch.

Die Auberginen waschen, trocken tupfen und in 1–2 cm dicke Scheiben schneiden. Mit 1 Teelöffel Salz und ½ Teelöffel Kurkuma bestreuen.

In einer Pfanne etwa 6 Esslöffel Senföl erhitzen und die Auberginen darin von beiden Seiten goldbraun und knusprig braten. Wenn die Auberginen zu bräunen beginnen, den Knoblauch dazugeben. Die gebratenen Auberginen mit dem Knoblauch auf einer Servierplatte verteilen.

Den Joghurt cremig schlagen. Das restliche Salz und den Zucker gut unterrühren und die Mischung über die Auberginen gießen.

Das restliche Öl erhitzen. Sobald es zu rauchen beginnt, Asafötida, Curryblätter, Senfsamen und Chilis hineingeben, 2 Minuten rösten und dann über den Joghurt gießen.

Abkühlen lassen und für 30 Minuten in den Kühlschrank stellen. Mit dünnen Fladenbroten (*Roti*, Seite 155) oder Reis servieren. Dazu *Dal*, Salat und Pickles reichen.

Die Kapoors sind eine der berühmtesten Familie Bollywoods, mit vier Generationen von Schauspielern, Produzenten, Regisseuren – und Gourmets mit üppigen kulinarischen Extravaganzen. Die Familie stammt aus Peshawar im Nordwesten Indiens. Dieser Einfluss zeigt sich noch heute in den Küchen der Kapoors.

Der Patriarch und Schauspieler Prithviraj Kapoor (fürstlicher *Akbar von Mughal-e-Azam*) hatte den Appetit eines Bären, und die Geschichten darüber, was er alles essen konnte, gehören zum Überlieferungsgut des indischen Films. Er war ein kräftiger Mann mit tiefer Stimme, und sein Gewicht steigerte seine Grandezza nur. Die obsessive Liebe zum Essen gab er an alle seine Söhne weiter, und obwohl Raj, Shammi und Shashi Kapoor in ihrer Jugend schlanke, gut aussehende Männer waren, kämpften sie alle später mit Übergewicht.

Die Kapoors

Filmemacher Raj Kapoor war das Idol des indischen Kinos der 50er- und 60er-Jahre. Seine Filme zeigen die Wirklichkeit, wie sie ist, sind dabei aber so unterhaltsam, dass die Zuschauer sie trotz des gesellschaftskritischen Aspekts liebten. Raj kochte großartige Biryanis und Currys. Trotzdem mochte er eigentlich lieber einfaches Essen: *idlis* (gedämpfte Reiskuchen), *dosas* (südindische Pfannkuchen), Eier, Sandwiches … Für die Großfamilie und den nie abreißenden Besucherstrom kochte er aber weiterhin die üppigen Gerichte. Noch heute erinnert man sich an seine hervorragenden Bankette und seine verschwenderischen Partys. Auf Hochzeiten und Festen wurden Gerichte aus aller Welt gekocht, und er und seine Frau waren unvergleichliche Gastgeber.

Sein Sohn Rishi Kapoor wurde mit seinem Erstlingsfilm *Bobby* (1973), bei dem der Vater Regie führte, zum Idol der Jugend. Der Film, der erstmals die Konflikte zwischen dem traditionellen und dem neuen Indien innerhalb einer Familie thematisiert, war *der* Hit der 70er-Jahre. Die Handlungsstruktur – ein Sohn aus reichem Haus verliebt sich in eine arme Fischerstochter – findet man bis heute in vielen Bollywoodfilmen wieder. Rishi Kapoor ist über die letzten drei Jahrzehnte ein sehr produktiver Schauspieler geblieben. In den 1980er-Jahren heiratete er den Co-Star vieler seiner Filme – Neetu Singh –, die auch heute noch, nach fünfundzwanzig Jahren als Kapoor, eine wunderbar schlanke und liebliche Frau ist. Rishi sagt: »Wir waren immer große Esser – schon seit Großvaters Zeit. Wir essen einfach gerne, vor allem in guter Gesellschaft. Neetu achtet penibel auf Kalorien und Cholesterin, aber die Kapoors mögen sehr gerne das nicht vegetarische Essen aus Peshawar. Ich bin ein fleischessender Hindu.«

Neetu erinnert sich an ihr Erstaunen, als sie als junge Braut am Frühstückstisch saß: »Da gab es so viel zu essen: jede erdenkliche Art von Fleisch, Eier, *Paya*-Suppe (Seite 77), *kheema* (Hackfleisch-Curry) … Es war für mich eine Offenbarung, dass man so viel zubereiten konnte, und das schon zum Frühstück!« Und mitten an diesem Tisch, der sich unter den Gerichten bog, saß Vater Raj Kapoor und aß sein *akuri* und *pao* (indisches Brot) mit stillem Vergnügen.

Neetus Brautzeit steckte voller neuer kulinarischer Erfahrungen, weil Rishi ein solcher Gourmet war. Während ihrer Reisen probierten Rishi und Neetu Gerichte auf der ganzen Welt, und zu ihren Favoriten gehörten Peter Lugers Steaks in New York und Pastete in Morchelsauce, die sie das erste Mal im schweizerischen Gstaad probierten. Ansonsten liebt Rishi Hühnchen Stroganoff und Caesar's Salad. »Das Essen des Punjab lernte ich erst spät kennen, als ich beim Film war – Sachen wie Tandoori-Huhn, Tikka-Huhn … Zu Hause gab es grundsätzlich nur Essen aus Peshawar. Und, um ein Geheimnis zu lüften, ich hasse scharfes Essen. Manchmal packt mich die Laune, und ich will gar nichts Richtiges, sondern nur ein *khichdi* (ungewürzte Grütze aus *dal* und Reis) essen.«

Auch die Küche Kaschmirs mag er sehr. Er erzählt ausführlich von einem *wazwan* (Hochzeitsmahl), das er während Dreharbeiten dort erlebte. Das *Wazwan*-Menü besteht aus sechsunddreißig Gängen, die vor allem Fleisch beinhalten. »Das Essen dort ist nicht zu scharf und nicht zu mild, und der Spinat schmeckt einzigartig.« Ein Großteil des Gemüses von Kaschmir wird auf den schwimmenden Gärten des Dal-Sees angebaut, was ihnen den besonderen Geschmack verleiht.

Sein Vater und seine Onkel waren gute Köche, dennoch hat Rishi Kapoor diese Kunst selbst nie gelernt – aber er weiß genau, was ihm schmeckt. Er kann Fast Food nicht leiden und müsste am Verhungern sein, bevor er eine Pizza isst. Außerdem: »Bloß kein arabisches Essen oder Paella …« Er liebt chinesisches Essen und hat viele Erinnerungen an gemeinsame Abende im »Nanking« (früher ein angesehenes Restaurant, das mittlerweile geschlossen ist) und den Restaurants der Familie Ling. Für echtes chinesisches Essen geht er meilenweit. Bei Fisch isst er gerne Seezunge und Lachs und alles, was auf chinesische Art zubereitet wird. »Ich habe sehr früh gelernt, mit Stäbchen zu essen, sodass ich es immer richtig genießen konnte.«

Die Enkelin Raj Kapoors, jüngster Filmstar der großen Riege der Kapoors, äußerte schon früh den Wunsch, Schauspielerin zu werden. Aufgewachsen mit den altmodischen Filmen von Nargis, Madhubala und Meena Kumari, liebte sie den Charme des klassischen Kinos der 1950er-Jahre. Um ihren ersten Film *Refugee* wurde eine Menge Aufsehen gemacht, war es doch gleichzeitig der Leinwandstart von Abhishek Bachchan, dem Sohn von Amitabh Bachchan. Der Film war nur ein mäßiger Erfolg, machte aber den beiden Sprösslingen

Kareena Kapoor

so berühmter Schauspieldynastien den Weg frei ins Filmgeschäft. Vor allem Kareena begeisterte durch ihre natürliche Schönheit. Ihr minimales Make-up war neu und erfrischend in Bollywood. Ihr Selbstvertrauen war enorm: Sie erklärte, dass sie sich ihres Talents immer bewusst gewesen war. Viele sahen ihren Auftritt in *Refugee* als den einer erfahrenen Schauspielerin, denn sie beherrschte ihre Kunst vollkommen.

Der nächste Film, *Mujhe Kuch Kehna Hai,* war ein Kassenschlager und verhalf ihr so auch zu wirtschaftlichem Erfolg. Santosh Sivans *Asoka* mit Shah Rukh Khan zeigte sie in einem beeindruckenden Look als kämpferische Prinzessin. Ihre ethnischen Tattoos wurden zum Modetrend, und ihre Liebenswürdigkeit und ihr Talent wurden aufs Neue bestätigt. Die Rolle brachte ihr den ersten von vielen Preisen als beste Schauspielerin ein. Die Rolle der Pooja in *Kabhi Khushi Kabhie Gham* nahm vor allem Jugendliche für sie ein und festigte Kareenas starke Verbindung zum Publikum. Sie begann, die coole und individuelle Einstellung der jungen Inder zu verkörpern. Jugendmarken engagierten sie für Werbekampagnen, und sie wurde der Liebling der Medien, weil sie kein Blatt vor den Mund nimmt.

Mit *Chameli* und ihrer Rolle als gewitzte, abgeklärte Prostituierte nahm Kareena auch das realistische Kino für sich ein. Im selben Jahr war sie in *Dev* als Opfer eines Aufstands zu sehen und in Mani Ratnams *Yuva* als fröhliche Collegeschülerin, die bei einer zufälligen Begegnung die Liebe entdeckt. Auch ihre neueste Arbeit mit dem Regisseur Vishal Bharadwaj wird interessant sein – gerade hat sie *Omkara* abgedreht, eine Adaptation von Shakespeares *Othello*. In *Mr Mehta & Mrs Singh,* seinem nächsten Film, wird sie ebenfalls die Hauptrolle spielen. Mit gerade sechsundzwanzig Jahren ist die hübsche, hochgewachsene Kareena bereits ganz oben – und sie hat den beliebten Schauspieler Shahid Kapoor als Lebensgefährten. Möge es für sie weiterhin rote Rosen regnen!

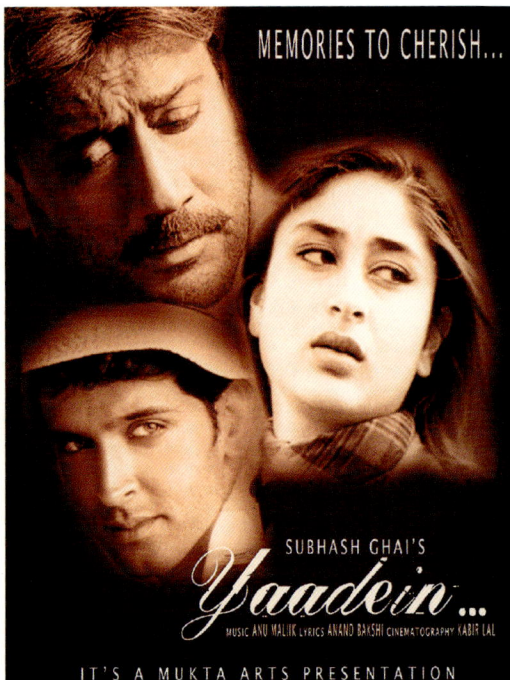

MEMORIES TO CHERISH...

SUBHASH GHAI'S
Yaadein...
MUSIC ANU MALIK LYRICS ANAND BAKSHI CINEMATOGRAPHY KABIR LAL

IT'S A MUKTA ARTS PRESENTATION

Chicken Haleem

WÜRZIGES DAL MIT HÜHNERFLEISCH

100 g gelbe Linsen **(Toor dal)**
100 g geschälte, halbierte
  Mungobohnen (Moong dal)
100 g rote Linsen **(Masoor dal)**
100 g geschälte, halbierte
  Urdbohnen (Urad dal)
500 g Hühnerfleisch, entbeint und
  gewürfelt
2 EL Ingwer-Knoblauch-Paste
3 Kardamomkapseln
1 TL gemahlene Kurkuma
Salz

FÜR DIE GEWÜRZMISCHUNG:
100 g **Ghee**
4 Zwiebeln, geschält und fein
  gehackt
3 große Tomaten, enthäutet und
  gehackt
2 EL Knoblauchpaste
3 cm frische Ingwerwurzel,
  geschält und in Scheiben
  geschnitten
1 Zimtstange
6 schwarze Pfefferkörner
2 Kardamomkapseln
3 Lorbeerblätter
4 Gewürznelken
2 EL Koriandersamen
1 TL gemahlene Kurkuma
3 frische grüne oder rote Chilis
1 Prise gemahlener Koriander
Frisch gepresster Saft von
  2 Zitronen

FÜR DIE GARNITUR:
10 frische Minzeblätter
2 Zwiebeln, geschält, in Scheiben
  geschnitten und knusprig braun
  gebraten
6 Zitronenspalten

Für 6 Personen

Das Gericht ist eine Spezialität der aristokratischen Küche Hyderabads.

Hülsenfrüchte, Hühnerfleisch, Ingwer-Knoblauch-Paste, Kardamom, Kurkuma und Salz in einem großen Topf mit 2 Liter Wasser bedecken. Aufkochen und zugedeckt 1–1½ Stunden köcheln lassen, bis die Hülsenfrüchte und das Fleisch gar sind.

Die abgekühlte Mischung zu einem dicken Brei zerstampfen. Beiseitestellen.

Das *Ghee* für die Gewürzmischung in einem Topf erhitzen und die Zwiebeln darin goldbraun braten. Tomaten, Knoblauchpaste und Ingwer hinzufügen und 2 Minuten pfannenrühren. Die ganzen Gewürze unterrühren, zuletzt Kurkuma, Chilis und gemahlenen Koriander dazugeben. Die Mischung noch 2 Minuten pfannenrühren, dann über die zerstampften Hülsenfrüchte gießen. Die Chilis zuvor herausnehmen und für die Garnitur beiseitelegen.

Zitronensaft unterrühren. Mit Minze, gebratenen Zwiebeln, den Chilis und Zitronenspalten garnieren und heiß servieren.

Haleem passt gut zu knusprigem dünnen Fladenbrot (*Roti*, Seite 155).

TYPISCH INDISCH

Mit *Dal* bezeichnet man in Indien zum einen alle getrockneten Hülsenfrüchte, zum anderen aber auch die daraus gekochten eintopfartigen Gerichte, die bei keiner Mahlzeit fehlen. *Channa dal* sind kleine Kichererbsen, *Toor dal* gelbe und *Masoor dal* rote Linsen. *Urad dal* sind die schwarzen Urdbohnen, *Moong dal* die halbierten Mungobohnen.

FISCHCURRY AUS GOA

FÜR DIE CURRYPASTE:
Fleisch von 1 großen Kokosnuss, mit etwas Wasser zu feiner Paste zerrieben
10–12 schwarze Pfefferkörner
6–8 getrocknete rote Kashmiri-Chilis
1 EL gemahlener Koriander
10–12 Knoblauchzehen, geschält
1 EL Sesamsamen
3 cm frische Ingwerwurzel, geschält und grob gehackt

Kokosmilch aus 1 großen Kokosnuss
1 TL Zucker
3 Seebrassen (jeweils etwa 25 cm lang), filetiert, in 4 cm lange Stücke geschnitten
Salz
50 g Tamarindenmark, 20 Minuten in 50 ml Wasser eingeweicht

FÜR DIE GEWÜRZMISCHUNG:
3 EL Pflanzenöl
2 EL schwarze Senfsamen
8–10 Curryblätter
3 frische grüne Chilis, längs aufgeschnitten, Samen entfernt

Für 6 Personen

Falls Sie keine Seebrassen bekommen, können Sie auch anderen Weißfisch mit festem Fleisch verwenden.

Die Zutaten für die Currypaste im Mörser fein zermahlen. Mit der Kokosmilch in einen kleinen Topf füllen. Bei mittlerer Hitze aufkochen und 10–12 Minuten köcheln lassen.

Die Mischung in einen großen Topf geben und bei mittlerer Hitze Zucker, Salz und Fisch hinzufügen. 5 Minuten köcheln lassen und dabei ab und zu rühren, bis der Fisch gar ist. Das abgeseihte Tamarindenwasser unterrühren.

In einem weiteren Topf das Öl für die Gewürzmischung erhitzen und Senfsamen, Curryblätter und grüne Chilis hineingeben. Unter ständigem Rühren bei starker Hitze rösten, bis die Mischung goldbraun ist. Über das Curry geben.

Junglee Mutton

DSCHUNGEL-LAMM

100 g Ghee
2 Zwiebeln, geschält,
    in Scheiben geschnitten
6–8 Knoblauchzehen, geschält
    und halbiert
70 g getrocknete rote
    Kashmiri-Chilis
1 kg Lamm- oder Hammel-
    fleisch von der Keule,
    in 3–5 cm große Würfel
    geschnitten
Salz

Für 6 Personen

Der Name verweist auf den Ursprung des Gerichts, denn nach der königlichen Jagd wurde den Maharadschas und ihrem Gefolge das Essen gleich im Dschungel serviert. Um den Geschmack des Fleischs zu intensivieren, verwendete man nur Chilis. Wer jedoch keine Kashmiri-Chilis bekommt, sollte gutes Chilipulver verwenden, denn die rote Farbe ist beim Dschungel-Lamm ganz wichtig.

Das *Ghee* in einem großen Topf erhitzen und die Zwiebeln darin bei starker Hitze dunkelbraun braten. Dabei ständig rühren. Den Knoblauch und die Chilis hineingeben, weitere 3 Minuten braten.

Das Fleisch dazugeben und ständig rühren, damit es nicht anbrennt. Sobald das Fleisch bräunt, die Hitze reduzieren und Salz sowie 500 Milliliter Wasser hinzufügen. Einen Deckel daraufsetzen, den Topf für das *Dum*-Garen versiegeln (siehe Seite 38/39 oder einen Schnellkochtopf verwenden) und das Fleisch 45 Minuten garen.

Den Topf öffnen. Das Wasser sollte eingekocht und das Fleisch leuchtend rot sein. Heiß mit weichem Fladenbrot (*Chapatti*, Seite 155) servieren.

Yakhni Pulao

HAMMEL-PILAW

250 g *Ghee*
4 große Zwiebeln, 2 zu feiner
  Paste zerrieben und 2 in
  dünne Scheiben geschnitten
6–8 Knoblauchzehen, geschält
  und zu feiner Paste zerrieben
1 kg Hammelfleisch, in 3–5 cm
  lange Stücke geschnitten

FÜR DAS YAKHNI-SÄCKCHEN:
1 Zimtstange
6 Gewürznelken
10 schwarze Pfefferkörner
3 Lorbeerblätter
1 EL Kreuzkümmelsamen
2 EL Koriandersamen

Salz
500 g Basmatireis, 30 Minuten
  in kaltem Wasser eingeweicht

Für 6 Personen

Ein Yakhni ist ein Musselinsäckchen, in dem Kräuter und Gewürze mitgegart werden. Die Würzzutaten geben beim Garen ihre Aromen ab, das Säckchen wird anschließend weggeworfen. Im 18. und 19. Jahrhundert wurde die indische Küche am Hof der Awadhi-Herrscher ganz besonders verfeinert. Das mildeste und zugleich raffinierteste Pilaw, das man hier kreierte, war Yakhni pulao. Bei den Kapoors wird dieses Rezept von Generation zu Generation weitergegeben.

In einem Topf 200 Gramm *Ghee* erhitzen und Zwiebel- und Knoblauchpaste 3–4 Minuten darin braten, jedoch nicht anbrennen lassen. Das Fleisch hinzufügen und bei schwacher Hitze unter ständigem Rühren leicht bräunen. 2 Liter Wasser dazugießen.

Die Gewürze in ein Musselintuch fest einbinden und mit etwas Salz zum Fleisch geben. Zugedeckt bei schwacher Hitze etwa 1 Stunde köcheln lassen. Ist das Fleisch zart, das Säckchen herausnehmen, abkühlen lassen, über dem Topf ausdrücken und wegwerfen.

In einem kleinen Topf das übrige *Ghee* erhitzen und die Zwiebelscheiben bei starker Hitze dunkelbraun braten. Für die Garnitur beiseitestellen.

Die Garflüssigkeit vom Fleisch in einen weiteren Topf abseihen, das Fleisch warm halten. Den eingeweichten Reis in die Brühe geben und zugedeckt bei schwacher Hitze bissfest garen, bis die gesamte Flüssigkeit absorbiert wurde. Das Fleisch sachte untermischen.

Mit den gebratenen Zwiebeln garnieren und heiß servieren.
Dazu werden keine Beilagen gereicht.

SANGAM
TECHNICOLOR

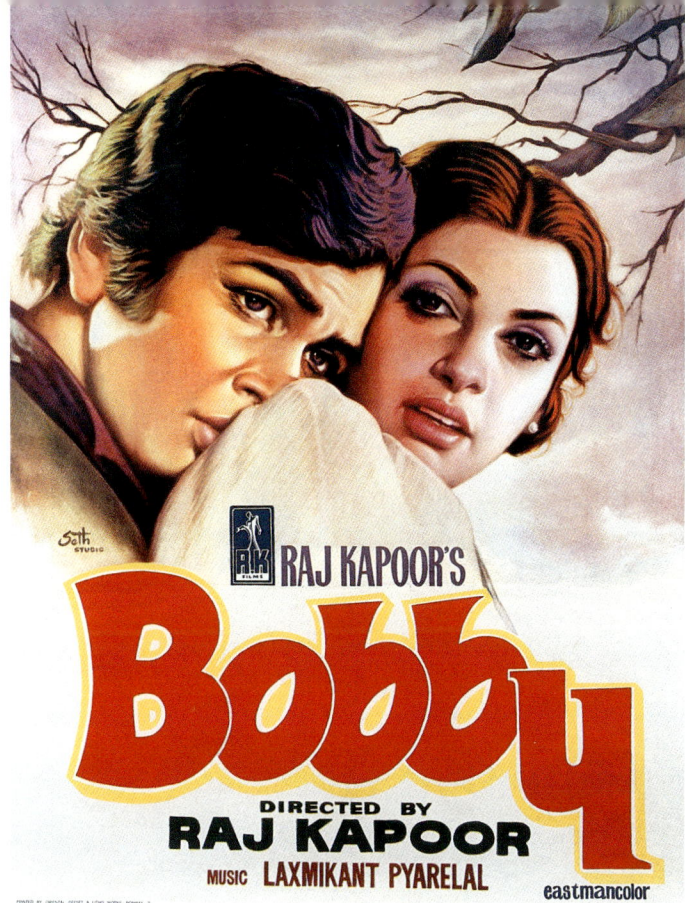

RAJ KAPOOR'S
Bobby
DIRECTED BY
RAJ KAPOOR
MUSIC LAXMIKANT PYARELAL
eastmancolor

Paya

PIKANTE SUPPE
MIT SCHWEINSFÜSSEN

**12 Schweinsfüße, etwaige
Härchen abgesengt**
**3 cm frische Ingwerwurzel,
geschält, in dünne Scheiben
geschnitten**
2 EL schwarze Pfefferkörner
6 Gewürznelken
5 Kardamomkapseln
3 Lorbeerblätter
1 Zimtstange
Salz
**50 g ungegarter Reis, in ein
Musselintuch gebunden**

FÜR DIE GEWÜRZMISCHUNG:
2 EL Öl
**5 große Zwiebeln, geschält
und gerieben**
2 EL Tomatenmark
1 EL Ingwer-Knoblauch-Paste
1 TL Kashmiri-Chili-Pulver

Für 6 Personen

Dieses Rezept stammt aus Zentralasien, wo Paya in den Wintermonaten in der Nacht langsam über dem Feuer gekocht wurde. Am nächsten Morgen aß man sie dann mit Brot zum Frühstück. Wegen ihrer vermeintlich aphrodisischen Wirkung ist Paya immer noch sehr beliebt. Rishi Kapoor schwört auf diese moderne Variante, die mit Reis eingedickt wird.

Schweinsfüße, Ingwer und Gewürze in einem großen Topf mit 3,5 Liter Wasser bedecken und stark aufkochen. Mit Salz würzen und den Reis im Tuch in die Mitte geben. Zugedeckt etwa 2 Stunden schwach köcheln lassen, bis das Fleisch weich ist. Den Reis entfernen und die Suppe durchrühren. Alternativ die Suppe im Schnellkochtopf mit nur 3 Liter Wasser in 45 Minuten kochen.

In einem zweiten Topf das Öl erhitzen und die Zwiebeln darin dunkelbraun braten. Die übrigen Zutaten für die Gewürzmischung hinzufügen und so lange rühren, bis sich das Öl absetzt. Die Mischung in die Suppe rühren und diese weitere 15 Minuten köcheln lassen.

Heiß mit Brot servieren. In Bombay bevorzugt man dazu *Brun pao*, festes Brot mit einem weichen Inneren.

Der Film *Dil Chahta Hai* im Jahr 2001 bedeutete für Saif Ali Khan den Wendepunkt seiner Karriere. Zehn Jahre lang war er ein wenig beachteter Darsteller gewesen. Dann traf seine Rolle des Sameer in *Dil Chahta Hai* sämtliche Nerven des Publikums. Sameer ist in die Liebe verliebt und trägt sein Herz auf der Zunge. Saif stellte ihn mit so viel Intelligenz und Wärme dar, dass endlich sein enormes Talent zu erkennen war. Die nächsten Filme wurden immer besser: Er spielte den Möchtegern-Playboy Rohit an der Seite von Shah Rukh Khan in *Kal Ho Na Ho*, neben Preity Zinta in *Salaam Namaste* und schließlich in *Parineeta*, einem Film, in dem er mit schauspielerischem Wagemut glänzte. In letzter Zeit wurde sein englischer Film *Being Cyprus* von den Kritikern gelobt, und Saif strahlt, während die Preise über ihn hereinpurzeln, darunter der National Award for Best Actor in *Hum Tum*.

Saif Ali Khan

Er ist das erste Kind von Sharmila Tagore, einer glamourösen Schauspielerin der 1960er-Jahre und heutigen Vorsitzenden des Film Censor Board, und von Mansoor Ali Pataudi, indische Kricketlegende und langjähriger Kapitän der Nationalmannschaft. Saif studierte Englische Literatur und Kunstgeschichte in England, zunächst in der Lockers Park School, dann im Winchester College. Ganz offensichtlich liest er für sein Leben gern – von Autoren des 19. Jahrhunderts wie Jane Austen und den Brontë-Schwestern bis hin zu Ayn Rand. Er spielt sehr gern Gitarre und wollte eigentlich Rockstar werden, bevor die Schauspielerei seinen ganzen Einsatz forderte. Seine Liebe für die Musik und den Tanz ist bei seinen Auftritten im Film und auf der Bühne offensichtlich.

»Das Essen meiner Mutter ist wirklich toll – sie kocht unglaublich gut im Bengal- und Mogulstil. Rosa [seine Freundin] ist dagegen Spezialistin für italienische Küche.« Saif mag das europäische Essen besonders. In London geht er gerne zu »Maggie Jones« wegen der englischen Gerichte und der gemütlichen Atmosphäre und zu »Signor Sassi« wegen des italienischen Durcheinanders. Auch chinesische und japanische Restaurants gehören zu seinen Lieblingslokalen – »Nobu's« in London und »Golden Dragon« im »Taj Mahal« in Bombay.

Saif trainiert gerne und achtet auch auf seine Ernährung. Deshalb sieht er heute aus wie die Verkörperung des coolen, stattlichen, kosmopolitischen Inders. Sein schauspielerisches Können gibt ihm Zugang zu den verschiedensten Rollen. Die besten Regisseure wollen mit ihm zusammenarbeiten – sowohl in Mainstream- als auch in Kunstfilmen. Zwei seiner jüngsten Filme entstanden mit dem talentierten Vishal Bharadwaj: *Omkara*, eine Adaptation von Shakespeares *Othello*, und *Mr Mehta & Mrs Singh*, beide mit Kareena Kapoor. Es ist eine gute Zeit für Saif Ali Khan in Bollywood.

Bhindi Do Plaza

OKRAS MIT ZWIEBELN

750 g Okraschoten
3 EL Pflanzenöl
5 Zwiebeln, geschält und
geviertelt
5 cm frische Ingwerwurzel,
geschält und in dünne
Streifen geschnitten
2 TL Kreuzkümmelsamen
1 TL Schwarzkümmelsamen
6 frische grüne Chilis
2 TL gemahlener Koriander
1 TL gemahlene Kurkuma
2 TL rotes Chilipulver
Salz

Für 6 Personen

Obwohl Saif eigentlich Fleischgerichte bevorzugt, gehören diese Okras doch zu seinen Lieblingsspeisen. Sein Koch, Mohan Sharma, stellte uns das Rezept zur Verfügung, und die Zubereitung ist wirklich einfach. Allerdings sollten Sie beim Kauf darauf achten, dass die Okraschoten schön frisch und fest sind.

Die Okraschoten waschen und trocken tupfen. Die Stielansätze entfernen, die Okras längs in Scheiben schneiden.

Das Öl erhitzen und Zwiebeln, Ingwer, Kreuzkümmel und Schwarzkümmel darin braten. Die ganzen Chilis und die Okras hinzufügen und etwa 10 Minuten bei schwacher Hitze braten, dabei häufig rühren. Die Okras sollten gerade weich sein, aber noch Biss haben. Koriander, Kurkuma und Chilipulver unterrühren, zuletzt mit Salz abschmecken.

Heiß servieren. Sehr gut harmonieren die Okras mit *Dal* und indischem Fladenbrot (*Roti*, Seite 155) oder den hauchdünnen *Pappadams*.

Nargisi Kofte

FLEISCHBÄLLCHEN IN CREMIGER SAUCE

600 g Hackfleisch von Lamm
  oder Huhn
300 g Kartoffeln, gekocht,
  gepellt und zerstampft
3 cm frische Ingwerwurzel,
  geschält und fein gehackt
6 Knoblauchzehen, geschält
  und fein gehackt
2 frische grüne Chilis, Samen
  entfernt, fein gehackt
Salz
1 TL *Garam masala* (Seite 154)
50 g frisches Koriandergrün,
  fein gehackt
6 Cashewnüsse, gehackt
15 g Rosinen, gehackt
200 ml Pflanzenöl (zum Braten)

FÜR DIE PASTE:
4 Zwiebeln, geschält und
  in Scheiben geschnitten
15 Cashewnüsse
4 EL Mohnsamen

FÜR DIE SAUCE:
3 EL *Ghee*
4 große Tomaten, enthäutet und
  püriert
1 EL Ingwerpaste
1 EL Knoblauchpaste
2 Lorbeerblätter
1 Zimtstange (5 cm lang)
3 Kardamomkapseln
2 TL Kashmiri-Chili-Pulver
2 TL gemahlener Koriander
½ EL gemahlene Kurkuma
2 TL *Garam masala* (Seite 154)
50 ml süße Sahne
Salz

Für 6 Personen

Diese Spezialität aus der traditionsreichen Küche der Awadhi-Herrscher ist Saif Ali Khans Lieblingsgericht. Erneut stammt das Gericht von seinem Koch Mohan Sharma, der außerdem noch eine vegetarische Variante mit Paneer zubereitet.

Das Hackfleisch in einer Schüssel mit den zerstampften Kartoffeln vermischen. Ingwer, Knoblauch und grüne Chilis unterziehen. Mit etwas Salz und *Garam masala* vermischen, den frischen Koriander hinzufügen. Die Masse mit den Händen zu Bällchen formen. Cashewnüsse und Rosinen vermischen. In die Fleischbällchen je eine Vertiefung drücken, Cashew-Rosinen-Mischung hineingeben und die Bällchen wieder verschließen.

Das Öl in einer Pfanne erhitzen und die Fleischbällchen darin rundum goldbraun braten. Beiseitestellen und warm halten.

Zwiebeln, Cashewnüsse und Mohnsamen für die Paste in einem Topf mit 200 Milliliter Wasser aufkochen und 10 Minuten köcheln lassen. Abgekühlt im Mixer pürieren.

Für die Sauce das *Ghee* erhitzen und die Zwiebel-Nuss-Mohn-Paste darin braten, bis sich das Fett absetzt, dabei ständig rühren. Pürierte Tomaten, Ingwer- und Knoblauchpaste hinzugeben und alles 2 Minuten pfannenrühren. Die restlichen Gewürze dazugeben und weiterrühren. Zuletzt die Sahne unterrühren.

Die gebratenen Fleischbällchen in die Sauce setzen und bei schwacher Hitze erwärmen. Heiß mit dünnen Fladenbroten (*Roti*, Seite 155) und frischem Salat servieren.

Für die vegetarische Variante das Hackfleisch durch frischen *Paneer* (Seite 114) ersetzen und 2 Esslöffel Maismehl zum Binden hinzugeben.

Der älteste Sohn des gut aussehenden Stars Vinod Khanna ist charmant und talentiert. Er spricht leise und hat ein sensibles Gesicht. Seine ruhige Art lässt seine Leinwandauftritte mühelos erscheinen. Vielleicht haben ihn die Jahre als Moderator bei MTV-Asia so locker vor der Kamera gemacht.

Er wuchs in Bombay auf und erinnert sich an die Feste zur Zeit der Mangoreife – und die Wettbewerbe unter Freunden, wer an einem Abend die meisten Früchte vertilgen konnte. Es war eine sorglose Welt, in der es völlig in Ordnung war, wenn einem der Mangosaft vom Kinn tropfte. »Heute esse ich sie ordentlich in Scheiben geschnitten oder gewürfelt«, seufzt er. Am Strand besaß die Familie ein Sommerhaus, wo es eine mangoähnliche Frucht namens *targola* gab, die er besonders mochte.

Rahul Khanna

Wenn er an Essen denkt, erinnert er sich daran, wie er einmal mit einigen Kilos Hammelfleisch eine neunstündige Fahrt unternahm. Er fuhr von Thimpu, der Hauptstadt von Bhutan, hoch in die Berge zu seinem Onkel. In diesen Ferien gab es nur diesen köstlichen Hammel – als Eintopf und Suppe mit frischem Brot. »Es ist toll, wie sich auch die Sinne erinnern können – bis heute stürmen diese Erinnerungen auf mich ein, wenn ich bestimmte Gerichte esse …«

Durch seine Arbeit lebte Rahul viele Jahre nicht in Bombay, sondern in den zwei kulinarischen Oasen Singapur und New York. Dort haben seine Geschmacksknospen ein wahres Feuerwerk an Aromen kennengelernt. »New York ist ein gastronomischer Schmelztiegel – hier habe ich meine Geschmackspalette verfeinert. Ich hatte Freunde, die wirklich meinen kulinarischen Horizont erweitert haben – so entdeckte ich dort erst die Welt des Käses. Als ich aufwuchs, war ein Löffel Frischkäse bereits eine große Sache. Dann habe ich den Käse hier probiert: frisch, jung, reif, weich, hart, Ziegen- und Schafskäse, mit Rinde und ohne … allesamt köstlich. Ich lebte in der Nähe des Käsemarkts an der 9th Avenue – das ist der Himmel für Gourmets. Dort holte ich die meisten Mahlzeiten. Und ich mochte Jean Georges Restaurant sehr. Vor zehn Jahren war die Nouvelle Cuisine der neueste Trend – und ich liebte den gebratenen Fisch mit Obst, Eiscreme mit schwarzem Pfeffer, Schokolade mit Chili … das Kombinieren unkonventioneller Zutaten in einem Gericht. Während der Zeit dort lernte ich, dass Essen eine Form von Kunst ist.«

»Am häufigsten war ich in New York in einem afghanischen Kebabhaus, dem ›Hell's Kitchen‹. Eigentlich nur ein winziges Loch mit wenigen Tischen, aber der Koch bereitete wunderbares mariniertes Fleisch und Duftreis zu, und ich fühlte mich dort wie zu Hause. Nach dem 11. September fürchtete ich um dieses Restaurant, aber es war herzerwärmend zu sehen, wie die Leute aus der Umgebung dort als Zeichen der Solidarität Schleifen und Karten aufhängten und das Restaurant sogar noch stärker frequentierten als vorher.«

Auch Singapur hinterließ seine kulinarischen Spuren. »Mein Lieblingsrestaurant war eins mit lokaler Küche in einem Gebäudeblock der Regierung. Man hätte nie geglaubt, dass dort so gutes Essen zubereitet würde. Es heißt ›Hua Zhu‹: Sie machten die großartigsten frischen Krebse mit schwarzem Pfeffer, Garnelen mit getrockneten roten Chilis, frisches gedämpftes Gemüse aus der Region, chinesische Brote und frittierte junge Tintenfische.« In Bombay geht er gerne ins »Wasabi« im »Taj« oder ins »Royal China«, wenn er japanisch oder chinesisch essen möchte. Oder ins »Indigo« oder »Tiffin« im »Oberoi«.

»Wenn ich arbeite, esse ich nicht von dem Cateringessen. Entgegen der allgemeinen Meinung ist Schauspiel keine physische Arbeit, deshalb esse ich am liebsten sehr leicht – Salate und Suppen.« Rahul prüft momentan einige Drehbücher, wenn er nicht gerade mit einem schnellen Auto an der kalifornischen Küste entlangbraust. Sein erster Film, *Earth* von Deepa Mehta, erregte großes Aufsehen, und er freut sich darauf, weitere interessante Rollen zu spielen.

OBEN: Rahul Khanna bekam schon für seinen Erstling *Earth* den Best Newcomer Film Award. Das Lieblingsbuch des Büchernarrs ist Roald Dahls *Charlie und die Schokoladenfabrik.* Und er sammelt Rezepte!

Paneer Masala

MASALA MIT PANEER

500 g *Paneer* **(Seite 114)**
4 EL Pflanzenöl
1 EL Kreuzkümmelsamen
6 große Zwiebeln, geschält, fein
    gewürfelt
3 große Tomaten, enthäutet,
    Samen entfernt, gehackt
Salz
1 TL *Chat masala* **(Seite 154)**

Dieses unkomplizierte Gericht lässt sich ganz schnell zubereiten.

Den *Paneer* in Würfel schneiden. Das Öl in einem Topf erhitzen und *Paneer*-Würfel darin rundum goldbraun braten. Mit einem Schaumlöffel herausnehmen, auf Küchenpapier abtropfen lassen und warm halten.

Kreuzkümmel und Zwiebeln ins heiße Öl geben und leicht bräunen. Die Tomaten unterrühren, mit Salz und *Chat masala* würzen. Den gebratenen *Paneer* hinzufügen und noch 1 Minute unter Rühren erhitzen.

Sofort heiß als Beilage zu dünnen Fladenbroten (*Roti*, Seite 155), *Dal* oder Reis servieren.

GERÄUCHERTES DAL

100 g geschälte, halbierte
    Mungobohnen (*Moong dal***)**
100 g gelbe Linsen (*Toor dal***)**
1 TL gemahlene Kurkuma
Salz
2 EL Pflanzenöl
1 EL schwarze Senfsamen
2 TL Kreuzkümmelsamen
5–6 Curryblätter
5 Knoblauchzehen, geschält und
    fein gehackt
1 große Zwiebel, geschält und
    fein gehackt
1 große Tomate, enthäutet und
    gewürfelt
1 EL eingelegte Mango
1 EL Mango-Chutney
½ EL eingelegte grüne Chilis
    (nach Belieben)
2 EL Pflanzenöl

Für 6 Personen

Der rauchige Geschmack verleiht diesem Dal *eine ganz besondere Note.*

Für das *Dal* Mungobohnen und Linsen in einem großen Topf mit 1 Liter Wasser bedecken, Kurkuma und etwas Salz hinzufügen. Aufkochen und so lange köcheln lassen, bis eine cremige Suppe entstanden ist. Entstehenden Schaum entfernen.

In einem kleinen Topf das Öl erhitzen. Senf- und Kreuzkümmelsamen sowie Curryblätter darin rösten, bis die Senfsamen aufplatzen. Knoblauch und Zwiebel hinzufügen und leicht bräunen. Die Tomaten dazugeben. Sobald sich das Öl absetzt, die Mischung unter das *Dal* rühren. Eingelegte Früchte und Chutney untermischen.

Ein Stück Holzkohle durchglühen lassen. (Die Holzkohle dafür am besten über einer Gasflamme erhitzen, bis sie glüht.) In eine Schale aus Edelstahl etwas Pflanzenöl füllen und die Holzkohle hineinsetzen, sodass sie zu rauchen beginnt. Die Schale in den Topf mit dem *Dal* geben und diesen verschließen. Zugedeckt etwa 20 Minuten stehen lassen, damit das *Dal* einen rauchigen Geschmack bekommt.

Heiß servieren, als Hauptgericht zu Reis und dünnem Fladenbrot (*Roti*, Seite 155).

Bhindi Fry

KNUSPRIG GEBRATENE OKRAS

1 kg Okraschoten
Salz
4 EL Pflanzenöl
2 EL Senfsamen
5 Curryblätter
2 EL grünes Mangopulver
  (Amchoor)

Für 6 Personen

Die Okraschoten waschen und trocken tupfen. In mittelgroße Stücke schneiden, mit Salz bestreuen und 10 Minuten Wasser ziehen lassen.

In einer Pfanne 2 Esslöffel Öl erhitzen und die Okras bei starker Hitze unter ständigem Rühren knusprig braten. In eine Servierschüssel geben und warm halten.

Das restliche Öl erhitzen. Curryblätter und Senfsamen darin rösten, bis die Senfsamen aufplatzen. Mit dem Öl über den Okras verteilen und mit Mangopulver bestreuen. Heiß mit Reis und *Dal* servieren.

Dahi Vada

FRITTIERTE URDBOHNEN-KLÖSSCHEN
MIT JOGHURT UND TAMARINDEN-CHUTNEY

FÜR DIE KLÖSSCHEN:
300 g geschälte, halbierte Urdbohnen
(Urad dal)
Salz
1 Prise Backpulver
Pflanzenöl zum Frittieren

FÜR DEN JOGHURT:
1 kg Joghurt
1 EL geröstete, gemahlene Kreuz-
kümmelsamen
2 EL rotes Chilipulver
2 EL Zucker

FÜR DAS TAMARINDEN-CHUTNEY:
200 g Tamarindenmark, 30 Minuten
in 250 ml Wasser eingeweicht
50 g *Jaggery* (grober Rohrzucker),
ersatzweise brauner Zucker

Für 6 Personen

Die pikanten Klößchen kennt man in Nord- und Südindien als Straßensnack, allerdings in unterschiedlichen Varianten.

Die Urdbohnen gründlich waschen, 3 cm hoch mit Wasser bedecken und mindestens 12 Stunden einweichen lassen. Mit dem Einweichwasser im Mixer zu einer feinen, dickflüssigen Masse zermahlen. Mit etwas Salz würzen, das Backpulver untermischen.

In einem großen Topf das Öl erhitzen. Von der Masse Klößchen abstechen und in kleinen Portionen ins heiße Öl geben. Bei reduzierter Hitze gold-braun und knusprig frittieren. Mit einem Schaumlöffel herausnehmen und auf Küchenpapier abtropfen lassen.

Den Joghurt mit Kreuzkümmel, Chilipulver und Zucker glatt rühren. Für das Chutney das Tamarindenwasser mit dem *Jaggery* verrühren. Durch ein Sieb abseihen. Die Klößchen in eine Servierschüssel füllen und mit Joghurt und Tamarinden-Chutney beträufeln. Vor dem Servieren 15 Minuten kühl stellen.

5 cm frische Ingwerwurzel, geschält
und grob gehackt
4–6 Knoblauchzehen, geschält
2–3 frische grüne Chilis, längs
aufgeschnitten, Samen entfernt
1,5 kg Hühnerschenkel oder -brust
ohne Knochen, in kleine Stücke
geschnitten

FÜR DIE BORI-PASTE:
75 g geröstete Kichererbsen
(ungesalzen)
50 g Weizengrieß
50 g Sesamsamen
75 g Cashewnüsse
20 g Koriandersamen

4 EL Pflanzenöl
Salz
250 ml Kokosmilch
Saft von 4 Tomaten

BORI-HÜHNERCURRY

Hier handelt es sich um eine Spezialität der Bori-Muslime, die ursprünglich aus dem westindischen Gujarat stammen.

Ingwer, Knoblauch und Chilis im Mixer zu einer Paste verarbeiten und das Fleisch damit einreiben. An einem kühlen Ort 15 Minuten marinieren.

Inzwischen die Zutaten für die *Bori*-Paste mit 3 Esslöffeln Wasser im Mixer zu einer glatten Mischung verarbeiten.

Das Öl in einem großen Topf erhitzen und die *Bori*-Paste einige Minuten darin braten. Fleisch, Salz und etwas Wasser hinzufügen und 20 Minuten bei schwacher Hitze köcheln lassen, bis das Fleisch gar ist. Kokosmilch und Tomatensaft einrühren und nochmals aufkochen.

Manisha ist trotz ihrer durchscheinenden Haut und ihrer zierlichen Erscheinung eine wahrhafte Essensenthusiastin. Als Connaisseur des Genusses kann sie am selben Tag derbe Hausmannskost (oft mit etwas zu viel Öl und sehr kräftigen Gewürzen) und Haute Cuisine genießen. Ihre Geschmacksknospen freuen sich an diesen verschiedenen Reizen. Und sie kocht traumhaft. Ich habe einmal einen italienischen Abend bei ihr verbracht und weiß daher, wovon ich rede.

Manisha wuchs in Benares auf und war ein sportliches Kind, das Basketball und die Küche der *daadi* (Großmutter väterlicherseits) gleichermaßen liebte. Die Gerichte stammten teils aus Nordindien, teils aus Nepal. Jeder zu Hause kochte. »Feiern und Zusammensein entstanden durch das Kochen, und wir liebten es, uns gegenseitig zu füttern.«

Manisha Koirala

Durch ihre Filmkarriere und ihre Reisen kamen internationale Gerichte ins Haus, und so ist die klassische französische Küche bei ihr sehr beliebt. »Die Franzosen kochen mit so einer Leidenschaft«, sagt sie mit leuchtenden Augen. Ebenso genießt sie japanisches Essen im »Nobu's« in New York (»Phänomenal!«), und mit derselben Begeisterung schwärmt sie von der indischen Volksküche. Und dann ist da noch ihre Schwäche für Kaviar. »Ich kann ihn direkt aus der Dose essen! Aber manchmal kann ich auch warten, bis ich ihn auf etwas Räucherlachs gestrichen habe«, sagt sie verschmitzt.

Mit jedem Tag wächst ihre kulinarische Welt. Im »Mangi Ferra«, einem schicken Italiener in Bombay, hat sie Pizza mit dünnem Boden lieben gelernt, die auf Mangoholz gebacken wird. Sie liebt die Knoblauchbutterkrebse im »Trishna« in Fort Bombay, Bombay-Ente bei »Gazalee« und würzige Krebse im »Mahesh Lunch Home«. Im »Taj Coromandel« zeigte sie dem Geschäftsführer Fondue – und er sorgte dafür, dass es auf die Karte kam!

Manche der Auftritte der vollendeten, leidenschaftlichen Schauspielerin bleiben unerreicht. *Bumbai* und *Khamoshi* zeigen ihre überragende Fähigkeit, ganz in die Charaktere einzusteigen. Sie ist die *ek ladki ko dekha toh aisa lagaa … * die ideale, romantische junge Frau aus der Fantasie. Unwiderstehlich ist sie in *Dil Se* als junge, unabhängige Revolutionärin, die Shah Rukh Khan den Kopf verdreht. Und sie will noch tiefer in die Filmwelt einsteigen, indem sie in New York Regie studiert und zu Hause eine Filmproduktionsfirma leitet.

Manisha Koirala ruht in sich selbst. Sie beschäftigt sich viel mit Spiritualität und liest gerne mystische Bücher. Und sie engagiert sich für die Heimat ihrer Vorfahren, Nepal. Von ihr kann man noch viel erwarten!

RECHTS: Neben ihrem himmlischen Aussehen und ihrem beeindruckenden Schauspieltalent ist Manisha zudem eine ausgezeichnete Tänzerin des Bharat Natyam und des Manipuri.

Patra Ni Macchi

IN BANANENBLÄTTERN GEDÄMPFTER FISCH

FÜR DAS CHUTNEY:

1½ Kokosnüsse, das Fleisch ausgelöst und geraspelt

5 frische grüne Chilis, Samen entfernt

Je 1 Handvoll frisches Koriandergrün und frische Minzeblätter

2 kleine Zwiebeln, geschält

2 Knoblauchzehen, geschält

2 cm frische Ingwerwurzel, geschält

1 EL Kreuzkümmelsamen, geröstet

1 EL Zucker

Salz

5–6 EL frisch gepresster Limettensaft

12 große Scheiben Seebrassen oder ein anderer Weißfisch mit festem Fleisch

5–6 Bananenblätter oder große Stücke Alufolie

3 EL Essig

Für 6 Personen

Dieses Gericht aus der Parsenküche stammt von Parvana Boga Noorani, einer Freundin Manishas und hervorragenden Köchin. Manisha liebt ihre Art zu kochen, ganz besonders die ausgezeichneten Spezialitäten aus der Küche der Parsen.

Die Zutaten für das Chutney mit Ausnahme des Limettensafts in den Mixer oder die Küchenmaschine geben, 1 Esslöffel Wasser hinzufügen und alles 2 Minuten pürieren. Nun den Limettensaft untermischen. Das Chutney sollte einen leicht scharfen, süßsäuerlichen Geschmack haben.

Den Fisch waschen und trocken tupfen.

Die mittlere Blattader der Bananenblätter wegschneiden und diese in 12 große Stücke teilen. Die Stücke kurz über eine offene Flamme halten, damit sie weicher werden.

Die Fischscheiben großzügig mit Chutney bedecken und jeweils auf ein Stück Bananenblatt legen. Die Ränder jeweils über den Fisch klappen und diesen vollständig im Blatt einwickeln. Mit Küchengarn zusammenbinden.

Etwas Wasser in einem Dämpftopf erhitzen und den Essig hinzugießen. Sobald Dampf aufsteigt, die eingewickelten Fischstücke in den Dämpfeinsatz legen. Zugedeckt 20 Minuten dämpfen.

Heiß mit frischen dünnen Fladenbroten (*Roti*, Seite 155) oder einfachem *Dal* und Reis servieren.

Gor Amli Kachumber

SÜSSSÄUERLICHE SAUCE

200 g Datteln, entsteint und fein gehackt
200 g Tamarindenmark, Samen und Fasern entfernt
100 g *Jaggery* (grober Rohrzucker), ersatzweise brauner Zucker
1 TL Chilipulver
½ TL gemahlener Kreuzkümmel
6 Zwiebeln, in dünne Scheiben geschnitten
6 EL gehacktes frisches Koriandergrün
3 frische grüne Chilis, Samen entfernt, fein gehackt
Salz

Für 6 Personen

Amli kachumber, *eine eher ausgefallene indische Sauce, und der Gewürzreis werden stets zu Dhansak dal (Seite 93) serviert. Auch diese Rezepte stammen von Manishas Freundin Parvana Boga Noorani.*

250 Milliliter Wasser in einen Topf füllen und sämtliche Zutaten mit Ausnahme der Zwiebeln, des Koriandergrüns und des Chilis hineingeben. Aufkochen und 5–10 Minuten köcheln lassen. Vom Herd nehmen, durch ein Sieb abseihen und abkühlen lassen.

Während die Mischung köchelt, die Zwiebelscheiben mit 3 Teelöffeln Salz bestreuen und 2 Minuten Wasser ziehen lassen. Mit 150 Milliliter Wasser abspülen und abtropfen lassen. So schmecken die Zwiebeln leicht salzig und verlieren ihre Schärfe.

Zwiebeln, frischen Koriander und Chili unter die abgekühlte Sauce ziehen. Kalt servieren.

GEWÜRZREIS

1 kg Basmatireis
2 EL *Ghee*
1 kleine Zwiebel, geschält, fein gehackt
2 Zimtstangen
8 Gewürznelken
8 schwarze Pfefferkörner
4 große Kardamomkapseln
2 Lorbeerblätter
1 TL Kreuzkümmelsamen
1 TL Zucker
Salz

Für 8 Personen

Den Reis gründlich waschen und 30 Minuten in kaltem Wasser einweichen. Abgießen, gut abtropfen lassen und beiseitestellen.

Das *Ghee* in einem größeren Topf erhitzen. Die Zwiebel darin braten, bis sie glasig ist. Zimtstangen, Gewürznelken, Pfefferkörner, Kardamomkapseln und Lorbeerblätter hineingeben und weiterbraten, bis die Zwiebel goldbraun ist. Kreuzkümmel und Zucker einrühren und den Zucker karamellisieren lassen. Den Reis unterrühren, sodass er gleichmäßig mit *Ghee* bedeckt ist. 1,5 Liter kochend heißes Wasser und etwas Salz hinzufügen.

Den Reis zugedeckt bei schwacher Hitze köcheln lassen, bis er das gesamte Wasser absorbiert hat und gar ist.

Dhansak Dal

SCHARFE LINSEN MIT LAMM

1 kg Lamm- oder Hammelfleisch
200 g gelbe Linsen *(Toor dal)*
100 g rote Linsen *(Masoor dal)*
100 g geschälte, halbierte
  Mungobohnen *(Moong dal)*
3 EL Ingwer-Knoblauch-Paste
2 EL frische Minzeblätter
3 Bund gehacktes frisches
  Bockshornkleegrün
1 mittelgroße Aubergine,
  gehackt
100 g orangerotes Kürbisfleisch,
  gehackt
2 Zwiebeln, geschält und
  gehackt
2 Kartoffeln, geschält und
  geviertelt
6 schwarze Pfefferkörner
½ TL gemahlene Kurkuma
Salz

FÜR DIE GEWÜRZMISCHUNG:
3 EL Erdnussöl oder *Ghee*
1 große Zwiebel, fein gehackt
4 EL *Dhansak masala*
  (Seite 154)
4 EL *Sambhar masala*
  (Seite 154)
1 EL *Garam masala* (Seite 154)
3 große reife Tomaten, enthäutet,
  Samen entfernt, gehackt

Für 6 Personen

Dhansak dal *gehört zu den beliebtesten Gerichten aus der Parsenküche, und dieses wunderbare Rezept hat uns Parvana Boga Noorani zur Verfügung gestellt.*

Das Fleisch waschen und in 3 cm große Würfel schneiden. Zusammen mit den übrigen Zutaten (mit Ausnahme der Gewürzmischung) in einen Topf geben, mit Wasser bedecken und aufkochen. Entstehenden Schaum mit dem Schaumlöffel abschöpfen. Bei reduzierter Hitze 45–50 Minuten köcheln lassen, bis die Linsen gerade weich sind und das Fleisch gar ist.

Das Fleisch herausnehmen und im Backofen bei niedriger Temperatur warm halten. Das *Dal* durch ein Sieb passieren und wieder mit dem Fleisch in einen Topf füllen.

Das Öl oder *Ghee* in einer kleinen Pfanne erhitzen und die Zwiebeln darin leicht bräunen. Die Gewürzmischungen hinzufügen und unter Rühren mitbraten, bis sich das Öl absetzt. Falls nötig, etwas Wasser darüberträufeln.

Die Tomaten untermischen und bei schwacher Hitze garen, bis die Mischung cremig wird. Dabei ab und zu rühren.

Die Mischung pürieren und unter das *Dal* rühren. Nochmals aufkochen, damit sich die Aromen gut verbinden.

Heiß mit Gewürzreis (Seite 92), Kebabs (Seite 94), gebratener Bombay-Ente (einer traditionellen Beilage) und *Kachumber* (Seite 92) servieren.

Kebabs

Diese Fleischbällchen sind eine der Beilagen für Dhansak dal (Seite 93).

250 g Lammhackfleisch
2 EL Ingwer-Knoblauch-Paste
½ EL *Sambhar masala* (Seite 154)
1 EL *Dhansak masala* (Seite 154)
200 g Kartoffeln, geschält, gekocht und zerstampft
1 große Zwiebel, geschält und fein gehackt
2 EL gehacktes frisches Koriandergrün

2–3 EL gehackte frische Minze
1 frischer grüner Chili, Samen entfernt, gehackt
½ TL gemahlene Muskatblüte (Macis)
Salz
2 Eier, leicht verquirlt
Etwa 300 ml Pflanzen- oder Erdnussöl

Für 6 Personen

Das Hackfleisch, die Ingwer-Knoblauch-Paste und die Gewürzmischungen zu einer Masse verkneten und über Nacht durchziehen lassen.

Am nächsten Tag zerstampfte Kartoffeln, Zwiebel, frischen Koriander und Minze sowie Chili, Muskatblüte und etwas Salz unter die Fleischmasse ziehen. Die verquirlten Eier hinzugießen und ebenfalls untermischen. Zu runden, etwa walnussgroßen Kebabs formen und in heißem Öl goldbraun frittieren.

Heiß zu *Dhansak dal* (Seite 93), Gewürzreis (Seite 92) und *Kachumber* (Seite 92) servieren.

Rang de Basanti – Die Farbe Safran, Rakeysh Mehras zweiter Film als Produzent und Regisseur, hat einen Nerv getroffen: Einige gelangweilte Jugendliche im Delhi der Gegenwart werden durch die Begegnung mit der indischen Unabhängigkeitsbewegung der 30er-Jahre aus ihrer politischen Lethargie gerissen, und ihr Leben verschmilzt immer mehr mit der Geschichte der damaligen Revolutionäre. Der Film kam beim Publikum auf der ganzen Welt gut an und ist bis jetzt der auffälligste Bollywoodfilm 2006. Rakeyshs vorige Arbeit, *Aks,* war ein visuelles Vergnügen und zeigte sein Können, das von zehn Jahren als Werbefilmer herrührt.

Rakeysh wurde geradezu in ein Universum von Essen hineingeboren. Sein Vater arbeitete als Leiter der Lebensmittel- und Getränkeabteilung des »Claridge«-Hotels in Neu-Delhi. Da sie im Hotel lebten, war Essen so nah und vertraut wie die

Rakeysh Mehra

eigene Haut. Sein Vater, liebevoll »Bauji« genannt, kam aus einer nordwestlichen Grenzprovinz Pakistans. Als die Familie ein Restaurant eröffnete, nannten sie es »Bauji Ka Dhaba« und vereinten die Küchen der Nordwestgrenze, Lucknows und Hyderabads. »Interessant an der indischen Küche ist, dass sie nicht auf Rezepten beruht. Es geht eher darum, etwas zu bekommen und wie es zu kombinieren ist. Es heißt immer: ›Mal schauen, was wir daraus machen können.‹ Ich habe bis heute kein Kochbuch angeschaut. Ich treffe lieber die Großmütter und lerne von ihnen.« Rakeysh liebt es, in der Küche zu experimentieren, ausgehend von dem, was er von Vater und Mutter gelernt hat. Zu Hause ist er offiziell der Koch und hat zusammen mit seinem Architekten seine Küche bis ins letzte Detail nach seinen Bedürfnissen geplant.

»Indien ist voller Entdeckungen, wenn es ums Essen geht. Im kleinsten Dorf kannst du das beste Gericht essen.« Eines der bemerkenswertesten Gerichte bekam er in einem kleinen Dorf in Ladakh: Fleischklößchen mit Klebreis und gemahlenen Chilis, die einen ungewöhnlichen Geschmack hatten, übergossen mit einer Fleischbrühe namens *chaang.* »Ich habe stundenlang gegessen und am Lagerfeuer den Geschichten vom chinesischen Krieg zugehört, während die Frau und die Tochter meines Gastgebers nicht aufhörten, für uns zu kochen … Ein anderes Mal, in Himachal Pradesh, als ich aufgrund heftigen Regens festsaß, aß ich das beste *rajma-chawal* (Kidneybohnen und Reis). Die Frauen kochen den ganzen Tag an dem Gericht und geben ständig neue Zutaten dazu, sodass es nie ganz fertig wird!«

Auf einer Reise nach Kambodscha lernte er kürzlich eine für ihn neue Küche kennen, die durch lange Kriegszeit und Kämpfe entstanden ist. Statt zu den Orten zu gehen, die der Reiseführer empfiehlt, fuhr er lieber mit einem alten Fahrrad ins Nirgendwo und aß, was die Frauen dort kochten. »Das Essen war eine Offenbarung: Garnelen und Gemüse mit regionalen Saucen! Ich finde es immer spannend zuzusehen, wie das Gericht entsteht, die Nuancen der Umgebung und der Gemütszustand des Kochs.« Rakeysh hat in den feinsten Restaurants vieler Städte gegessen, dennoch mag er lieber das Essen der Seitenstraßen, weil es dort keine unnötigen Schnörkel gibt. »Ich habe nichts gegen die Feinheiten der Haute Cuisine, aber ich denke, dass dabei die Kochkunst verwässert wird.« In London isst er entsprechend gerne Würstchen, Kartoffelpüree und Shepherd's Pie. Ihn interessieren Gerichte, die Tausende von Jahren überlebt haben.

Die Filme, die er mag, haben stets auch Elemente von Essen – *Eat Drink Man Woman* und *Bittersüße Schokolade*. Auch in einer seiner nächsten Produktionen, die in Old Delhi spielen wird, wird das Essen eine gewisse Rolle spielen. Bis dahin arbeitet Rakeysh daran, *Rang de Basanti* zum Oscar zu bringen, und sein Leben ist voller Filme und Essen.

RECHTS: Rakeysh Mehra liebt es, wilde Landschaften zu erkunden. Er sucht das Abenteuer auf den unbekannteren Straßen Indiens und der Welt.

UNTEN: Der Regisseur mit seinen beiden Hauptdarstellern Aamir Khan und Soha Ali Khan bei den Dreharbeiten zu *Rang de Basanti* in Amritsar.

Thukpa

NUDELSUPPE AUS LADAKH

300 g dünne Eiernudeln
6 EL Pflanzenöl
5 cm frische Ingwerwurzel,
**   geschält und in feine Streifen**
**   geschnitten**
8 Knoblauchzehen, geschält
**   und gehackt**
1 kg Hackfleisch von Lamm,
**   Rind oder Schwein**
2 Zwiebeln, geschält, in dünne
**   Scheiben geschnitten**
1 kleiner Weißkohl,
**   dünn gehobelt**
2 EL Sojasauce
Salz
1 Handvoll frisches Koriander-
**   grün, gehackt**

Für 6 Personen

Rakeysh Mehra liebt das Reisen. Bei einer Drehortsuche in der Himalajaregion Ladakhs begegnete er Odpal George, einem guten Koch und Führer aus der Gegend, der ihm dieses Rezept mit folgender Notiz schickte: »Wir haben mehr Zeit mit Kochen, Essen und Reden zugebracht als mit der Suche nach Drehorten.« An einem kalten Tag weckt Thukpa *die Lebensgeister. Meist wird für die Suppe Lamm verwendet, aber man kann sie auch mit Ziegenfleisch, Rind oder Schwein zubereiten.*

In einem großen Topf 1 Liter gesalzenes Wasser sprudelnd aufkochen und die Nudeln hineingeben. Bei reduzierter Hitze in 7–8 Minuten weich garen. Abgießen, abtropfen lassen und auf einer großen Platte verteilen. Die abgekühlten Nudeln mit 4 Esslöffeln Öl vermischen.

In einem großen Topf das restliche Öl erhitzen. Ingwer und Knoblauch 2 Minuten darin pfannenrühren, das Fleisch hinzufügen. Unter häufigem Rühren bei schwacher Hitze so lange braten, bis das Fleisch fast gar ist. Zwiebeln und Kohl dazugeben und weitere 4–5 Minuten pfannenrühren. 1 Liter Wasser und die Sojasauce hinzugießen, aufkochen und die Nudeln hineingeben. Mit Salz abschmecken.

Die Suppe in vorgewärmte Suppenschalen schöpfen und mit frischem Koriander garnieren. Als Alternative die Nudeln in die Schalen geben und die heiße Suppe darüberschöpfen. Dazu passt *Momos* (siehe Seite 101).

Kabargah

KASCHMIRI- LAMMKOTELETTS

1 kg Lammkoteletts, Knochen entfernt (am besten vom Metzger küchenfertig vorbereiten lassen)
450 ml Milch
1 Lorbeerblatt
1 TL Anissamen
1 EL schwarze Pfefferkörner
1 TL rotes Chilipulver
4 Kardamomkapseln
2 Gewürznelken
Salz

FÜR DIE MARINADE:
400 g Joghurt
2 Eier, verquirlt
1 EL rotes Chilipulver
25 g Maisstärke

100 ml *Ghee*
¼ TL Safranfäden, in 1 EL Milch eingeweicht
Frische Minzeblätter und Chutney zum Servieren

Für 6 Personen

Hier handelt es sich um die Variante eines beliebten Gerichts aus Kaschmir, das im »Bauji Ka Dhaba« serviert wird. Das Familienrestaurant der Mehras in Delhi ist für seine Spezialitäten aus dem nordwestlichen Grenzgebiet bekannt, und Rakeyshs Bruder, Rajan Mehra, hat uns dieses Rezept zur Verfügung gestellt. Da das Fleisch auf traditionelle Weise langsam gegart wird, dauert die Zubereitung etwas länger als drei Stunden.

Die Lammkoteletts waschen und trocken tupfen.

Milch, Lorbeer, Anis, Pfefferkörner, Chilipulver, Kardamom und Gewürznelken in einen Topf geben, 250 Milliliter Wasser hinzufügen und die Lammkoteletts hineinlegen. Aufkochen und bei schwacher Hitze so lange garen, bis die Flüssigkeit eingeköchelt ist. Mit Salz würzen und für 20 Minuten beiseitestellen.

Für die Marinade den Joghurt mit den übrigen Zutaten verrühren und die Lammkoteletts damit gleichmäßig bedecken. An einem kühlen Ort 1 Stunde marinieren.

Metallspieße mit Öl bestreichen und die Lammkoteletts daraufstecken. Auf einen Holzkohlengrill legen und 15–20 Minuten grillen, dabei einmal wenden. Ab und zu großzügig mit zerlassenem *Ghee* und Safranmilch bestreichen. Als Alternative die Koteletts unter dem Backofengrill goldbraun und knusprig grillen.

Heiß mit frischer Minze und einem Chutney nach Wahl als Vorspeise reichen.

Momos

HACKFLEISCHKLÖSSCHEN MIT SCHARFER SAUCE

FÜR DIE FÜLLUNG:
1 kg Lammhackfleisch
50 g Lammfett (vom Metzger)
**500 g Zwiebeln, geschält und
fein gehackt**
3 EL Ingwer-Knoblauch-Paste
**1 Handvoll frisches Koriandergrün,
gehackt**
Salz

FÜR DIE KLÖSSCHEN:
700 g Mehl
1 TL Salz

FÜR DIE SAUCE:
**1 Zwiebel, geschält und
fein gehackt**
2 große Tomaten, gehackt
4 EL Chiliflocken
3 EL Pflanzenöl
**3 cm frische Ingwerwurzel,
geschält und in dünne Streifen
geschnitten**
8 Knoblauchzehen, fein gehackt
**1 Handvoll frisches Koriandergrün,
gehackt**
Salz

Für 6 Personen

Auch dieses traditionelle Rezept stammt von Odpal George aus Ladakh. Dort verwendet man für das Gericht einen speziellen Dämpftopf, einen sogenannten Motko. Doch ein normaler Dämpfer eignet sich ebenso gut, wenn der Einsatz unterteilt ist, damit die Klößchen nicht zusammenkleben. Für eine authentische Zubereitung wird das Lamm- oder Ziegenfleisch von Hand zerkleinert, denn so bekommt es die ideale Konsistenz.

Hackfleisch, Lammfett, Zwiebeln, Ingwer-Knoblauch-Paste und frischen Koriander für die Füllung vermischen und mit Salz würzen.

Für die Klößchen Mehl, Salz und etwa 100 Milliliter Wasser zu einem relativ festen Teig verarbeiten. Zu 25 gleich großen Bällchen formen.

Die Bällchen jeweils mit der Handfläche flach drücken und mit reichlich Hackfleischmischung füllen. Zu Klößchen formen, sodass die Füllung umschlossen ist.

Die rohen *Momos* in einen Dämpfer setzen (siehe Einleitung) und 25–30 Minuten dämpfen.

Für die Sauce Zwiebeln, Tomaten und Chiliflocken in einem Topf mit schwerem Boden mit 500 Milliliter Wasser bedecken. Aufkochen und zugedeckt 10 Minuten köcheln lassen.

In einem kleinen Topf das Öl erhitzen und Ingwer und Knoblauch darin 2 Minuten braten. Mit dem Koriandergrün unter die Sauce mischen, mit Salz würzen.

Die Hackfleischklößchen mit der scharfen Sauce heiß servieren.

Raan Nawabi

LAMMKEULE NACH INDISCHER ART

1,5 kg Lammkeule
1 große Zwiebel, geschält,
grob gehackt
4 Knoblauchzehen, geschält
3 cm frische Ingwerwurzel,
geschält und grob gehackt
1 EL schwarze Pfefferkörner
1 TL Salz

FÜR DIE MARINADE:
3 EL Joghurt
2 EL frisch gepresster
Zitronensaft
1 cm frische Ingwerwurzel,
geschält und gerieben
2 EL fein gehacktes frisches
Koriandergrün
2 EL geröstete, gemahlene
Koriandersamen
1 EL geröstete, gemahlene
Kreuzkümmelsamen
1½ TL Chilipulver
½ TL frisch geriebene
Muskatnuss
100 ml Öl
2 TL Salz

ZUM BRATEN:
50 ml *Ghee*
½ TL Safranfäden, in 2 EL Milch
eingeweicht

FÜR DIE GARNITUR:
Grünes Minz-Chutney
Eingelegte Zwiebeln
Blattsilber oder Alufolie

Für 6 Personen

Lammkeule ist Rakeysh Mehras Lieblingsgericht. In dem Restaurant seiner Familie, dem »Bauji Ka Dhaba«, wird sie im Tandoor (dem indischen Lehmofen) am Spieß zubereitet. Aber für dieses Buch präsentiert Rakeyshs Bruder Rajan eine einfachere Variante im Backofen. Das Fleisch sollte an einem kühlen Ort mindestens fünf Stunden, besser aber über Nacht marinieren. Nach dem Braten ist es dann so zart, dass man es mit einem Löffel essen kann.

Die Lammkeule waschen und mit Zwiebel, Knoblauch, Ingwer, Pfefferkörnern und Salz in einen großen Schmortopf geben. Mit 750 Milliliter Wasser bedecken, aufkochen und 30 Minuten köcheln lassen. Abkühlen lassen.

Inzwischen die Zutaten für die Marinade vermischen. Das abgekühlte Fleisch rundum mehrfach tief einschneiden und mit der Marinade einreiben. Über Nacht oder mindestens 5 Stunden marinieren lassen.

Den Backofen auf 190 °C vorheizen. Die Lammkeule 1 Stunde im Ofen braten und dabei etwa alle 15 Minuten mit *Ghee* und Safranmilch beträufeln.

Den Knochen der Lammkeule dekorativ mit Silber oder Alufolie umwickeln. Mit Minz-Chutney und eingelegten Zwiebeln garnieren. Sehr gut passt dazu indisches Fladenbrot, *Roti* oder *Naan* (Seite 155) und *Kaali dal* (Seite 150).

Erst Rani Mukerjis dritter Film, *Kuch Kuch Hota Hai,* in dem sie als Tina Malhotra Shah Rukh Khans Herz gewinnt, schlug ein wie eine Bombe. Es ist etwas Besonderes an Rani – ihre raue Stimme, ihre überzeugende Spontaneität und ihr Sinn für Humor, gerade in romantischen Momenten, machen sie zu einer wahren Freude. Dabei wollte Karan Johar, der Regisseur von *Kuch Kuch Hota Hai,* sie zunächst synchronisieren lassen, weil er ihre Stimme zu rauchig fand! Mittlerweile ist sie ihr Markenzeichen geworden. Rani hat die Fähigkeit, ihre Charaktere so zu spielen, dass sie dem Zuschauer vertraut werden, und sie glänzt sogar in kleinen Rollen wie in *Hey Ram!*

Rani Mukerji

Sie kommt aus einer Familie von Filmemachern: Ihr Vater war Produzent, ihr Großvater der Gründer der Filmalya-Studios, ihre Cousine ist der Filmstar Kajol. Nach *Kuch Kuch Hota Hai* konnte sich Rani ihre Rollen aussuchen. Im Film *Saathiya* wurde ihre Darstellung der modernen jungen Frau aus der unteren Mittelschicht wahrhaft gepriesen. Das Jahr 2004 brachte ihr enormen Erfolg – alle drei ihrer Filme kamen sehr gut an; ihr Spiel errang großes Aufsehen. Neben dem weniger populären *Yuva* spielte sie in den beiden Kassenschlagern des Jahres, *Hum Tum* und *Veer Zaara,* die ihr zusammen ein Dutzend Preise einbrachten.

Filme, in denen eine Frau im Mittelpunkt steht, sind selten in Bollywood. Rani bekam die Hauptrolle in dem ungewöhnlichsten davon – Michelle, eine junge, taubstumme, blinde Frau, deren Lehrer Amitabh Bachchan verkörpert. Sie spielte diesen Charakter, der Helen Keller nachempfunden ist, mit einer solchen Leichtigkeit und positiven Färbung, dass sie das Leiden der jungen Frau gegenüber ihrer Freude am Leben und Lernen fast vergessen ließ. Der Film hieß *Black,* kam gänzlich ohne Lieder aus und war auch sonst in seiner Machart ein erfolgreiches Experiment. Die europäische *Times* zählte ihn zu einem der besten Filme des Jahres, und Rani fand sowohl in Publikums- als auch Kritikerkreisen Anerkennung. Im selben Jahr wurde ihr Film *Paheli* für den Oscar nominiert – und mit der Komödie *Bunty Aur Babli* kam ein erfolgreicher Film auch für die breiten Massen in die Kinos.

Rani wählt ihre Filme sorgfältig aus. Dieses Jahr wird sie in *Kabhie Alvida Na Kehna, Baabul* und dem Remake von *Sholay* zu sehen sein. Darin spielt sie die schwungvolle, gesprächige Basanti, eine Rolle, in der sie wieder ihre ganze Bandbreite zeigen kann. Aber schon heute ist sie die Königin von Bollywood!

Als sie sieben Jahre alt war, beschloss Deepti, später entweder Schauspielerin oder Nonne zu werden. Sie wuchs in einem Literaten- und Künstlerhaushalt in Amritsar auf und verdankt diesen intellektuellen und ästhetischen Einflüssen ihre Vielseitigkeit. Nach über sechzig Filmen, zwei Gedichtbänden, diversen Ausstellungen von Gemälden und Fotos und fortwährender Suche nach neuen Ausdruckswegen wirkt Deepti noch immer wie ein Magnet auf der Leinwand.

Deepti Naval

Mit einer kleinen Rolle im Film *Junoon* begann ihre Karriere. Bald schon war sie eine gefragte Schauspielerin in Kunstfilmen. Sie wollte vor allem moderne, liberale Frauen darstellen und experimentierte mit ungewöhnlichen Themen. Mit Miss Chamko in Sai Paranjpes *Chashme Buddoor* wurde sie zum nationalen Symbol: Die Frauen wollten alle sein wie sie, die Männer wollten sie alle heiraten. Natürlich, spontan, mit großen warmen Augen und umwerfendem Lächeln – sie hätte eine traditionelle indische Heldin werden können. Aber sie wählte lieber schwergewichtigere Themen und Charaktere wie in *Panchvati, Ankahee, Main Zinda Hoon, Mirch Masala, Kamla* …

In all dieser Zeit hat ihr Bedürfnis, zu schreiben, zu wandern, zu malen und zu fotografieren, etliche Bücher, Ausstellungen und eine ansprechende Website hervorgebracht. Mit ihrem Frozen River Treck in Zanskar wurde sie zur ersten nicht ladakhischen Frau, die auf eine Expedition ins Tchadar ging, ein Gebiet von unglaublicher Schönheit. Gegen Ende des Jahres wird sie eine Reisegruppe durch Ladakh und Himachal Pradesh führen – ganz offensichtlich zieht das Himalajagebirge sie magnetisch an.

Ihre perfekte Figur und ihre Fitness rühren von einer Ernährungsweise her, die den Wok als Herzstück hat. Sie kombiniert frischen Brokkoli, Spinat, gelbe und rote Paprika, Tofu und anderes Gemüse mit einem Spritzer Balsamico-Essig zu einem leichten, kurz in Olivenöl gewendeten Mahl. »Dieses Rezept und verschiedene Quarksorten sind meine Seelentröster. Ich liebe aber auch einfaches *Dal* und *Roti* (dünnes Fladenbrot). Chilis vertrage ich sehr schlecht, deshalb esse ich selten scharf.« Ihr Fitnessstundenplan ist ihr heilig, und sie beginnt jeden Tag am liebsten mit einem proteinreichen Frühstück, dem später ein leichtes Mittagessen folgt. Abends gibt es normalerweise Salat und Wok-gemüse. Ihre Disziplin ist beeindruckend, und ihre Regale füllen neben Lyrik und Literatur Bücher über natürliche und gesunde Ernährung.

»Um unser Haus in Amritsar gab es überall wunderbare Straßenimbisse. Ich erinnere mich an köstliche *aaloo tikki* (Kartoffelküchlein mit würziger Erbsen-füllung), die direkt von der großen, runden *tava* (heiße Backplatte) weg ver-kauft wurden. Es war faszinierend, wie sie mit Erbsen belegt, zusammengedrückt und mit Tamarinden- und Minz-Chutney be-strichen wurden. Dann kam cremiger Quark auf das rote und grüne Chutney, darüber schließlich geraspelter Rettich und gehackte grüne Mango und Zwiebeln. Direkt neben diesem Stand waren die Alugefäße mit *malai kulfi* (selbst ge-machtem Eis), das die Schärfe der *tikkis* milderte. Wenn ich in die Stadt gehe, genehmige ich mir heute noch Gyan Halwais *lassi* (dicke, süße Buttermilch), um den Zauber jener Zeit aufleben zu lassen.« Als Deepti als Teenager nach New York zog, bedeutete das auch einen Wechsel ihrer Einstellung zum Essen: Fortan war ihr wichtigstes kulinarisches Zuhause eine Salatbar mit dreißig Variationen auf der 57. Straße.

Zu ihren jüngsten filmischen Werken gehören *Freaky Chakra*, *Leela* und *Yatra* (Die Reise) von Gautam Ghosh. Außer-dem arbeitet Deepti an einem Roman, einem Buch mit Gedichten und Bildern aus Ladakh und einem Drehbuch. Sie steckt voller künstlerischer Pläne, und ihr kommt das Leben viel zu kurz vor für all die Worte und Farben, mit denen sie es füllen möchte.

LINKS: Als Aarti in *Saudagaar* (1991) nimmt Deepti Naval den Zorn zweier Familien auf sich, um ein Liebespaar zueinanderzubringen. Es war Manisha Koiralas erster Film, und die beiden Schauspielerinnen sind seither befreundet.

RECHTS: Deepti Naval spielte Chirutha im gleichnamigen Film, deren Vater sie für das Brautgeld an den erstbesten Mann verkaufen will. Dieser Film unter der Regie von Tanvir Ahmed war einer ihrer ersten Kunstfilme.

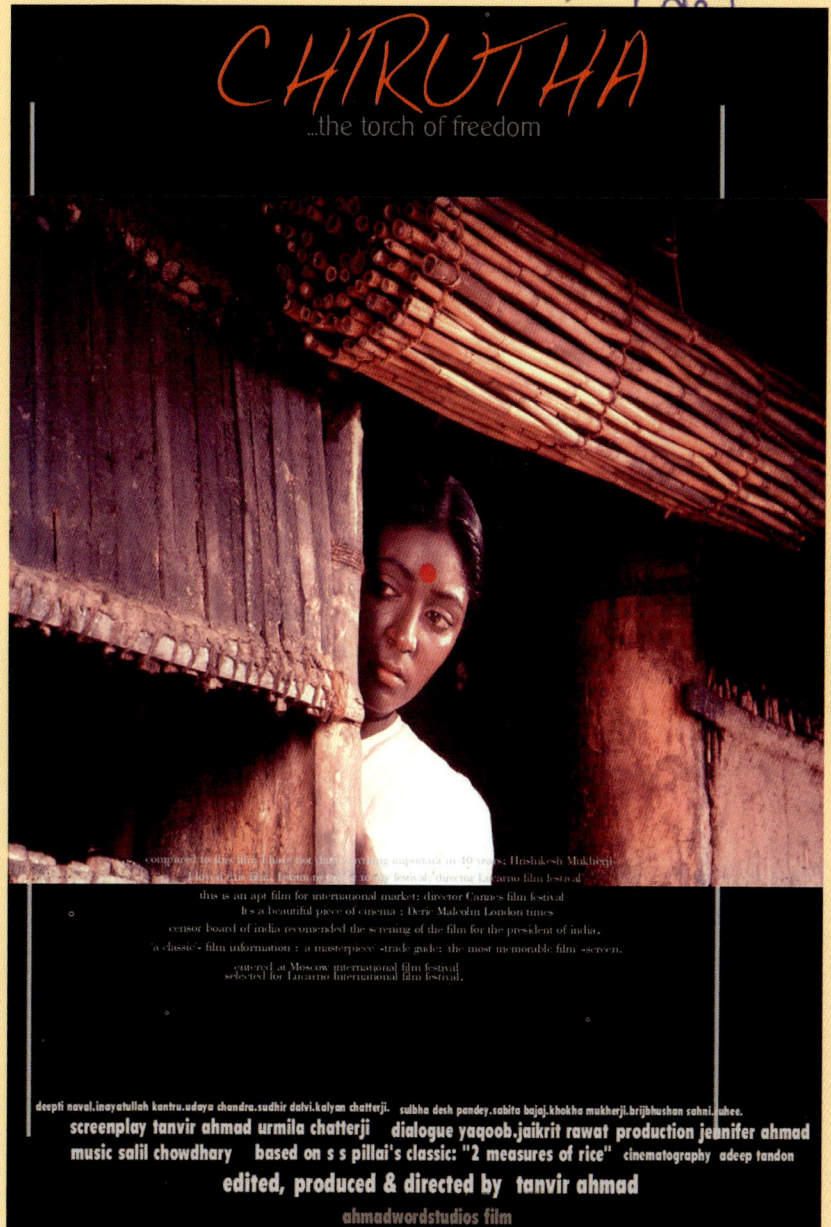

Bombay Frankie
GEFÜLLTE BOMBAY-KÜCHLEIN

400 g Mehl
4 EL Öl
Salz

FÜR DIE FÜLLUNG:
8 Kartoffeln, gegart, gepellt
und zerstampft
2 Zwiebeln, geschält und
fein gehackt
50 g frisches Koriandergrün,
gehackt
1 frischer grüner Chili, Samen
entfernt, fein gehackt
1 EL Salz
Öl zum Backen

FÜR DAS TAMARINDEN-CHUTNEY:
100 g Tamarindenmark, Samen
entfernt, in 100 ml Wasser
eingeweicht
2 EL Zucker
1 Prise rotes Chilipulver
1 Prise Salz
1 Zwiebel, geschält und
fein gehackt
Einige frische Minzeblätter,
gehackt

FÜR DIE EIERMISCHUNG:
6 Eier
1 TL Salz
½ TL rotes Chilipulver

Ergibt 6 Frankies

Diesen leckeren Snack verkaufen die kleinen Kioske an Bombays Hauptverkehrs-straßen, und Deepti Naval isst ihn sehr gern, wenn sie länger mit dem Auto unterwegs ist. Man bekommt ihn heiß und genießt ihn direkt aus der Papiertüte. Unsere Variante stammt von einem Frankie-Verkäufer und lässt sich gut zu Hause zubereiten.

Für die *Frankies* Mehl, Öl und 1 Prise Salz mit etwa 75 Milliliter Wasser zu einem glatten Teig vermischen und 2–3 Minuten kneten. 30 Minuten ruhen lassen, dann noch 1 Minute kneten.

Den Teig in sechs gleich große Stücke teilen und jeweils zu einer Kugel formen. Eine Handfläche mit etwas Öl bestreichen und die Kugeln flach drücken. Zu dünnen runden Küchlein von 15–18 cm Durchmesser ausrollen.

Je ½ Teelöffel Öl in einer Pfanne erhitzen und die Küchlein bei schwacher Hitze von beiden Seiten insgesamt 3 Minuten backen. Beiseitestellen.

Die Kartoffeln für die Füllung mit Zwiebeln, Koriandergrün, grünem Chili und Salz vermischen. In sechs gleich große Portionen teilen.

Für das Chutney das Tamarindenmark im Einweichwasser zerdrücken und feste Stücke entfernen. Zucker, rotes Chilipulver und etwas Salz einrühren. Zwiebel und Minze untermischen.

Die Zutaten für die Eiermischung verquirlen. In einer zweiten Pfanne etwas Öl heiß werden lassen und die Küchlein portionsweise von beiden Seiten erhitzen. In die Mitte je ein Sechstel der Eiermischung gießen und stocken lassen. Je eine Portion Kartoffelfüllung darauf verteilen. 1 Esslöffel Tamarinden-Chutney darüber-geben, die Seiten darüberklappen. Mit einem Klecks Tamarinden-Chutney garnieren.

Heiß als Snack servieren.

Bhariyal Karela

GEFÜLLTE BITTERGURKE

12 Bittergurken *(Karela)*
3 EL Salz
75 ml Senföl zum Braten

FÜR DIE FÜLLUNG:
2 EL Senföl
**3 große Zwiebeln, geschält und
    sehr fein gehackt**
**5 cm frische Ingwerwurzel,
    geschält und fein gehackt**
**8 Knoblauchzehen, geschält,
    in dünne Scheiben geschnitten**
1 EL gemahlener Kreuzkümmel
1 EL gemahlene Kurkuma
1 EL gemahlener Koriander
1 EL rotes Chilipulver
**1 grüne Mango, geschält und fein
    gehackt, oder 1 EL grünes
    Mangopulver *(Amchoor)***
1 EL Salz

Für 6 Personen

Bei dieser köstlichen Zubereitung verlieren die Bittergurken (eine Kürbisart) ihren strengen Geschmack und bekommen eine angenehm scharfe, nur leicht bittere Note. Deepti liebt die Art und Weise, wie ihre Mutter, Himadri Naval, die Bittergurken früher zubereitete, und ihr Rezept präsentieren wir hier.

Die gefurchte Schale der Bittergurken mit einem Messer abschaben, bis diese ganz glatt sind. Den Stielansatz an den Früchten belassen.

Die Bittergurken längs aufschneiden. Ältere Exemplare enthalten harte Samen, die entfernt werden müssen. Ist das Fruchtfleisch weich, bleiben die Samen darin.

Die Hälften rundum mit Salz bestreuen und 20 Minuten Wasser ziehen lassen. Danach die Bittergurken ausdrücken, unter fließendem kaltem Wasser abspülen und trocken tupfen.

Für die Füllung das Öl in einem Topf stark erhitzen und die Zwiebeln darin 1 Minute braten. Ingwer, Knoblauch und die Gewürze hinzufügen. Weitere 2 Minuten braten und darauf achten, dass die Gewürze nicht anlegen. Salz und rohe Mango oder Mangopulver unterrühren. Vom Herd nehmen und beiseitestellen.

Etwa je 1 Esslöffel abgekühlte Füllung in die halbierten Bittergurken geben. Die Hälften spiralenförmig mit Küchengarn umwickeln, um die Füllung zu fixieren. Das Garn aber nicht verknoten.

Das Öl zum Braten in einer Pfanne erhitzen, die Bittergurken hineinlegen. Bei starker Hitze etwa 2 Minuten braten, bis sich die Schale der Bittergurken zusammenzieht. 4 Esslöffel Wasser hinzugießen, zugedeckt 3–4 Minuten dünsten. Die Bittergurken wenden und zugedeckt weitere 3–4 Minuten dünsten. Das Küchengarn entfernen und die Bittergurken mit *Dal* und heißen dünnen Fladenbroten (*Roti*, Seite 155) servieren.

TYPISCH INDISCH

Amchoor wird aus grünen Mangos hergestellt, die man in der Sonne trocknet und dann zu Pulver zermahlt. Beim Trocknen verfärben sich die Mangos gelb. Auch bei uns bekommen Sie das gelbe Pulver im Asialaden.

Sabut Gobi Masala

BLUMENKOHL-MASALA

FÜR DIE MASALA:

- **4 Zwiebeln, geschält, grob gehackt**
- **4 Knoblauchzehen, geschält**
- **5 cm frische Ingwerwurzel, geschält und grob gehackt**
- **1 EL Chilipulver**
- **2 frische grüne Chilis, Samen entfernt, gehackt**
- **3 EL grünes Mangopulver (Amchoor)**
- **2 EL gemahlener Koriander**
- **1 Bund frisches Koriandergrün, grob gehackt**
- **1 TL gemahlene Kurkuma**
- **2 TL Garam masala (Seite 154)**
- **1 TL Salz**

- **3 EL Pflanzenöl**
- **1 großer Blumenkohl**

Für 6 Personen

»Masala« ist ein arabischer Ausdruck, der für die vielen indischen Gewürzmischungen verwendet wird. Das Besondere an diesem Gericht ist der ganze Blumenkohl, der mit anderem Gemüse kombiniert wird. Blumenkohl wird in der indischen Küche meist in Röschen zerteilt und verliert so leicht seinen typischen Charakter. Deepti Naval denkt voller Nostalgie an dieses Gericht, das ihre Mutter, Himadri Naval, oft zubereitete. Sie lebte in Burma, Lahore und Amritsar, bevor sie mit ihrer Tochter nach New York ging.

Den Backofen auf 180 °C vorheizen.

Die Zutaten für die *Masala* im Mixer zu einer glatten Paste verarbeiten. Ist diese zu trocken, 2 Esslöffel Wasser untermischen.

Die Paste im Öl bei schwacher Hitze 20 Minuten braten, bis sich das Öl absetzt und die Zwiebeln goldbraun sind. Die *Masala* 15 Minuten abkühlen lassen.

Den Blumenkohl vorsichtig waschen und den Strunk bis auf 1–2 cm kappen. Die abgekühlte *Masala* zwischen die Blumenkohlröschen füllen.

Den Blumenkohl in eine Auflaufform setzen und 40 Minuten im Backofen bei 160–180 °C backen.

Den Blumenkohl in die Mitte einer Servierplatte setzen. Nach Belieben Frühlingszwiebeln, Tomaten und frische grüne Chilis rundum verteilen.

Dazu passt dünnes indisches Fladenbrot, *Roti* oder *Chapatti* (Seite 155).

Der Schauspieler, Regisseur und Produzent Rakesh Roshan wurde in die Filmwelt hineingeboren. Sein Vater war ein gefeierter Filmmusikkomponist, der das *jal tarang* spielte, ein Instrument aus einer Reihe von Porzellanschalen, gefüllt mit Wasser, die mit einem Klöppel zum Klingen gebracht werden. Viele berühmte Schauspieler gingen im Haus ein und aus und inspirierten den jungen Rakesh zum Traum vom Film. Sein Vater starb, als er erst sechzehn Jahre alt war, und er begann, als Regieassistent zu arbeiten. Einige Jahre später verhalf ihm Rajindra Kumar, Freundin der Familie und beliebte Hauptrollendarstellerin der 1960er-Jahre, zu seiner ersten Rolle. Nach *Ghar Ghar Ki Kahani* (1970) spielte er in über sechzig Filmen. Seine Leidenschaft für das Kino ließ ihn viele Filme schreiben, produzieren und umsetzen, die alle eine intelligente Handlungsführung und eine eingängige Musik aufwiesen (oft von seinem Bruder Rajesh Roshan komponiert).

Die Roshans

Hrithik Roshan hätte keinen besseren Mentor für seinen Start haben können. Der Film *Kaho Na Pyaar Hai* unter der Regie von seinem Vater Rakesh wurde zum größten Blockbuster im Jahr 2000, und es war offensichtlich, dass hier ein neuer Star heranwuchs. Hrithik hat eine großartige Präsenz, seine Leistung als Tänzer ist herausragend, er sieht aus wie ein Gewinner – und er fühlt sich auch so. Danach brachten Vater und Sohn einen weiteren Kassenschlager heraus – *Koi Mil Gaya*, in dem Hrithik die schwierige Rolle eines geistig zurückgebliebenen Teenagers spielt. Ihre dritte Zusammenarbeit, *Krrish,* lässt sich vielversprechend an – wenn man die beiden während der Nachbearbeitung beobachtet, sind Kameradschaftsgeist und Begeisterung für den Film greifbar.

Da seine Eltern aus Bengalen und Punjab kamen, wuchs Rakesh mit beiden Küchen auf, und er liebt alles Essbare, fast alles: »Ich glaube, das Einzige, dem ich widerstehen könnte, wären Affenhirn und Schlangen«, zwinkert er mir zu, als er über Essen nachdenkt. »Ich koche gerne, es ist gut zum Stressabbau. Ich habe früher richtig gute Fleisch- und Hühnercurrys gemacht, nach Gefühl, und auch mal neue Aromen an gewohnte Gerichte gegeben. Die Freunde mochten das, was mich sehr ermutigte.« Angesprochen auf seine bemerkenswertesten Mahle, sagt Hrithik spontan: »Mein Vater kochte großartig – seine *parathas*, Eier und Currys sind mir unvergesslich. Jetzt hat er wegen der Arbeit leider keine Zeit mehr dafür.« Hrithik ist aber auch begeistert von der Küche seiner Mutter und seiner Frau Suzanne. »Suzanne macht köstliches italienisches Essen.«

Früher war Hrithik ein echter Fast-Food-Junkie, der Hamburger bei McDonald's (davon konnte er drei oder vier essen!) und Sandwiches bei Subway liebte. Da er einen wohlgeformten Körper haben muss, ist seine kulinarische Welt mittlerweile aber komplett diszipliniert. Hamburger und Weißbrot wurden durch *rotis* aus Soja und *bajra* (indische Hirse) ersetzt. Seine Ernährung ist jetzt sehr

ausgeglichen, sein Speiseplan vereint die indische und die italienische Küche, um auch dem Gaumen gerecht zu werden.

Beide Roshans gehen gerne essen. In Bombay mögen sie das »Wasabi« (»Toll!«) im »Taj Mahal« und das »Thai Pavilion« im »Taj President«. In London ist es »Nobu's«, in den USA »P. F. Chang's« (»Das ultimativ beste chinesische Essen der Welt!«) und die »Cheesecake Factory«.

Interessanterweise beginnen alle Filme, bei denen Rakesh Roshan Regie geführt hat, mit dem Buchstaben K. Das erklärt er so: »Nachdem ich *Jaag Utha Insaan* gemacht hatte und der Film nicht gut lief, rief mich ein Fan an und meinte, ich müsse K in allen meinen Filmtiteln gebrauchen, das bringe mir Glück. Obwohl ich ihm damals nicht glaubte, lief mein Film *Khudgarz* wirklich gut, und er rief mich wieder an, um mich an seine Vorhersage zu erinnern. Vielleicht hat er ja recht.« Jetzt ist es der Film *Krrish*, der das Publikum weltweit zu fesseln verspricht. Hoffen wir, dass der Zauber des K weiterhin auf den Roshans weilt!

LINKS: *Krrish* ist die Fortsetzung von *Koi Mil Gaya* und verspricht ein weiterer Superhit von Vater und Sohn Roshan zu werden.

RECHTS: Hrithik Roshans Tanz war schon immer bemerkenswert. Hier ist er in *Yaadein* zu sehen.

Palak Paneer

SPINAT MIT PANEER

FÜR DEN PANEER:
2 l Vollmilch
2 EL frisch gepresster Zitronensaft

FÜR PALAK PANEER:
1 kg Spinat, gewaschen und geputzt
1 EL Ghee
1 Zwiebel, geschält und gehackt
1 EL Ingwerpaste
1 EL Knoblauchpaste
2 Tomaten, enthäutet und gehackt
1 EL Garam masala (Seite 154)
1 EL getrocknetes Bockshornkleegrün
2 frische grüne Chilis, Samen entfernt, fein gehackt
Salz
100 ml Milch (nach Belieben)
4 EL Ghee (nach Wunsch) zum Anbraten des Paneer

Für 4 Personen

Hrithik liebt alle Arten von Paneer, *und in Verbindung mit vitaminreichem Spinat und wenig Öl ist dieses Gericht auch noch sehr gesund. Bei* Paneer *handelt es sich um hausgemachten indischen Frischkäse, der zu Blöcken gepresst und nach Gewicht verkauft wird. Am besten schmeckt ganz frischer, weicher* Paneer. *Darum soll ein Rezept für frischen* Paneer *in diesem Buch auch nicht fehlen.*

Für den *Paneer* die Milch zum Kochen bringen und den Zitronensaft hinzugießen. Vom Herd nehmen und in 10 Minuten gerinnen lassen.

Ein feines Sieb mit einem Musselintuch auskleiden und die geronnene Milch hineingießen. Das Tuch vorsichtig zusammenbinden und mit einem Gewicht beschweren, sodass möglichst viel Molke austritt. Nach 30 Minuten sollte der Käse abgetropft sein, er kann nun bis zur Verwendung in den Kühlschrank gestellt werden. Die angegebene Menge ergibt 350–400 Gramm *Paneer.*

Den Spinat grob hacken und 5 Minuten dämpfen. Etwa 15 Minuten abkühlen lassen. In der Küchenmaschine in 30 Sekunden vorsichtig zerkleinern.

Das *Ghee* in einem Topf erhitzen und die Zwiebel darin leicht bräunen. Ingwer- und Knoblauchpaste hinzufügen und 1 Minute mitbraten. Tomaten, *Garam masala* und Bockshornkleegrün dazugeben und 2 Minuten pfannenrühren. Chilis hinzugeben und noch etwa 1 Minute pfannenrühren.

Den Spinat und etwas Salz untermischen und bei schwacher Hitze 3 Minuten köcheln lassen. Für eine besonders cremige Variante nun die Milch unterrühren.

Paneer in 3 cm große Würfel schneiden und nach Wunsch in 4 Esslöffeln *Ghee* knusprig braten. Zuletzt den *Paneer* zum Spinat geben und den Topf vom Herd nehmen.

Heiß mit dünnen Fladenbroten (*Roti*, Seite 155) oder Reis servieren.

Phirni

FEINE MILCHREISCREME

100 g Basmatireis
1,5 l Vollmilch
150 g Zucker
½ TL Safranfäden, in 50 ml kalter Milch eingeweicht
5 Kardamomkapseln, nur die Samen im Mörser zermahlen
10 Mandeln, blanchiert, in Blättchen geschnitten
10 Pistazien, in Blättchen geschnitten

Für 6 Personen

Die zwei erklärten Lieblingsdesserts von Hrithik sind Phirni und Gulab jamun (Seite 144) mit Eiscreme. Das herrlich duftende, cremige Phirni ist eine Spezialität aus Kaschmir und wird in schön dekorierten Steinguttöpfen zu festlichen Anlässen serviert. In Bombay bekommt man das unwiderstehliche Dessert in den meisten muslimischen Restaurants.

Den Reis waschen, 3 cm hoch mit kaltem Wasser bedecken und 1 Stunde stehen lassen.

In einem Topf 1,4 Liter Milch bei schwacher Hitze 20 Minuten köcheln lassen, sodass sie eindickt. Den Zucker so lange einrühren, bis er sich aufgelöst hat.

Den eingeweichten Reis 1 Minute im Mixer zerkleinern. Die restlichen 100 Milliliter Milch dazugießen und cremig rühren. Die Reismischung an die eingedickte Milch geben, weitere 15 Minuten köcheln lassen. Dabei ständig rühren, damit nichts anlegt.

Safranmilch, Kardamom, Mandeln und Pistazien untermischen.

Gekühlt in einzelnen Steingutschalen servieren.

Shilpa Shettys kulinarische Vorlieben sind von der südindischen Mangalore-Küche geprägt – *cori roti* und Makrelen-Pickles isst sie am liebsten. Um ihre Familie gesund zu ernähren, hat ihre Mutter die schwere Kokosmilch häufig durch Magermilch ersetzt. Auch ihre Groß-mutter war eine großartige Köchin. »Ich habe eine Zeit lang bei ihr gelebt und erinnere mich, dass sogar ihre schlichten grünen Bohnen mit Kokosraspeln und Chilis himmlisch waren.

Shilpa Shetty

Als Kinder benahmen meine Cousins, Cousinen und ich uns immer besonders gut, wenn wir unsere Lieblingssuppe, ein klares Consommé mit Buchstaben darin, haben wollten.« Eine andere schöne Erinnerung ist der saftige Schokoladenkuchen einer ihrer Tanten, den sie nur in den Ferien bekam. »Ich finde es komisch, dass ein Gericht so anders schmecken kann, auch wenn man dasselbe Rezept ganz genau befolgt«, sagt sie verwundert.

»Eigentlich bin ich eine ganz gute Köchin. Als ich in der achten Klasse war, ging ich zu Wochenend-Kochkursen. Meine Lehrerin war Charu Mehta, eine Lady aus Gujarat, die uns verschiedene Küchen beibrachte. Sie war wirklich begabt. Später fing ich an, mit Suppen zu experimentieren. Ich fügte jedes Mal eine andere Zutat hinzu, wenn ich kochte – manchmal schmeckte es bizarr, und die Leute gaben den Suppen Nummern statt Namen. Ich kann ein wunderbares Mais-*pulao*. Und Salman Khan war einmal bei mir, um mein Hühnchen-*pulao* zu probieren.«

Auf Reisen sucht sie nach Sushi und geht in Bombay gerne den langen Weg ins »Wasabi«, ein japanisches Restaurant im »Taj Mahal«. »Jaiya« ist mein Lieblingsrestaurant in New York, weil es den indischen Gaumen befriedigt.« Sie liebt chinesisches Essen, das sie bereits zum Frühstück genießen könnte, und mag deshalb das »Royal China« in London sehr. »Sie haben jetzt eine Filiale in Bombay, ist das nicht toll!«, sagt sie voller Freude. »Chinesisches Essen ist so gesund, das Gemüse wird nur kurz gegart, und es passt perfekt zu meinem Speiseplan mit viel Protein und wenig Kohlenhydraten.«

Ihr Weg zum Ruhm begann mit einem Fotoshooting. Schon ihr zweiter Film *Baazigar*, in dem sie allerdings nur eine Nebenrolle spielte, war ein Riesenerfolg, mit Shah Rukh Khan und Kajol. Shilpas perfekte Figur ist ihrer Meinung nach »genetisch bedingt«, da auch ihre beiden Eltern in der Jugend Models waren. Groß gewachsen, anmutig und eine wunderbare Tänzerin: Shilpa ist der Prototyp der glamourösen Bollywood-Schauspielerin.

Früher war Volleyball ihre Leidenschaft. »Ich dachte, ich würde einmal Volleyballtrainerin werden. Filme waren nie in meiner Planung.« Nach zehn Jahren als Schauspielerin hat sie eine große Fangemeinde, die sie für ihre tänzerischen Fähigkeiten bewundert. Ihre Tanz-szenen, wie »*Chura ke dil mera*«, sind oft bekannter geworden als die Filme, aus denen sie stammen. Vor ihr liegt ein ereignisreiches Jahr: Einer der wichtigen Filme, den sie drehen wird, ist *Apne* mit der Familie Deol. Gut, dass sie sich nicht für Volleyball entschieden hat!

WÜRZIGE GRÜNE BOHNEN

2 EL Pflanzenöl
1 Prise Asafötida
1 TL schwarze Senfsamen
2 EL geschälte, halbierte
Urdbohnen *(Urad dal)*
5 Curryblätter
1 Zwiebel, geschält und gehackt
½ kg frische grüne Bohnen, Enden
und Fäden entfernt, halbiert
5 frische grüne Chilis, Samen
entfernt, in Ringe geschnitten
Salz
1 TL Zucker

Für 6 Personen

Dies ist ein Rezept von Shilpa Shettys Mutter. Den angenehmen Biss und den würzigen Geschmack der Bohnen mag Shilpa besonders gern.

Das Öl in einem Topf erhitzen. Asafötida, Senfsamen, Urdbohnen und Curryblätter darin pfannenrühren, bis sich die Urdbohnen rötlich verfärben.

Zwiebel, Bohnen und Chilis dazugeben und noch einige Minuten pfannenrühren. Etwas Salz, den Zucker und 250 Milliliter Wasser hinzufügen, zugedeckt etwa 10 Minuten köcheln lassen. (Shilpas Mutter weiß genau, wann das Gericht fertig ist: Sie stellt einfach eine Tasse Wasser auf den Topf und wartet, bis das Wasser verdampft ist.)

Heiß mit Fischcurry (Seite 122) und Reis servieren.

TYPISCH INDISCH

Aus dem Harz eines Riesenfenchels wird Asafötida gewonnen, dem auch eine Heilwirkung nachgesagt wird. Verwenden Sie dieses Pulver nur sparsam, da es sehr intensiv schmeckt!

Cori Roti

HÜHNERCURRY NACH MANGALORE-ART

Dieses Curry ist ein Lieblingsgericht der ganzen Familie. Shilpa Shettys Mutter Sunanda hat das Originalrezept allerdings etwas abgewandelt und verwendet statt der Kokosmilch fettarme Kuhmilch.

1 Huhn (etwa 1 kg)
2 EL Pflanzenöl
1 TL Bockshornkleesamen
1 TL Senfsamen
8–9 Curryblätter
2 Zwiebeln, geschält, fein gehackt
2 Tomaten, enthäutet, Samen entfernt, gehackt
1 EL Ingwer-Knoblauch-Paste
3 frische grüne Chilis, längs aufgeschnitten, Samen entfernt
1 TL Chilipulver
½ TL Kreuzkümmelsamen
1 TL gemahlener Koriander
½ TL gemahlene Kurkuma

1 TL frisch gemahlener schwarzer Pfeffer
Salz
30 g Tamarindenmark ohne Samen, 20 Minuten in 50 ml Wasser eingeweicht
50 g *Jaggery* (grober Rohrzucker; ersatzweise brauner Zucker), 20 Minuten in 50 ml Wasser eingeweicht, durch ein Sieb abgeseiht
750 ml fettarme Milch
1 Handvoll frisches Koriandergrün, gehackt

Für 4 Personen

Das Huhn in acht Stücke zerteilen. Mit 500 Milliliter Wasser in einem Topf aufkochen und 30 Minuten schwach köcheln lassen. Als Alternative das Huhn im vorgeheizten Ofen bei 180 °C etwa 50 Minuten braten, bis das Fleisch gar ist.

Das Öl in einem Topf erhitzen. Bockshornklee, Senfsamen und Curryblätter 30 Sekunden darin rösten, dann die Zwiebeln hinzugeben und unter Rühren goldbraun braten. Darauf achten, dass die Gewürze nicht verbrennen.

Tomaten, Ingwer-Knoblauch-Paste und Chilis hinzufügen und 3–5 Minuten mitbraten, bis eine cremige Sauce entstanden ist. Hühnerteile und getrocknete Gewürze bei schwacher Hitze unterrühren. Etwas Salz, Tamarinden- und *Jaggery*-Wasser hinzufügen und aufkochen. Zuletzt die Milch dazugießen und das Curry noch 5 Minuten köcheln lassen. Mit frischem Koriander garnieren und heiß servieren.

Das aromatische Hühnercurry wird meist mit harten *Roti* verzehrt. Dafür verteilt man etwas Curry über dem Fladenbrot, lässt dieses einige Minuten weich werden und isst es dann mit dem Curry. Dazu passen aber auch weiche *Roti*, Reis oder anderes Fladenbrot.

Sukha Lamb

LAMM NACH MANGALORE-ART

1 kg Lamm- oder Hammelfleisch,
   bevorzugt aus der Keule,
   in 5 cm große Stücke geschnitten
Salz
1 EL frisch gemahlener schwarzer
   Pfeffer
3 EL Pflanzenöl
1 TL Bockshornkleesamen
1 TL schwarze Senfsamen
8–9 Curryblätter
2 Zwiebeln, geschält, fein gehackt
1 EL Ingwer-Knoblauch-Paste
2 Tomaten, enthäutet, Samen
   entfernt, gehackt
3 frische grüne Chilis, längs
   aufgeschnitten, Samen entfernt
2 EL Chilipulver
1 EL gemahlener Koriander
1 EL Kreuzkümmelsamen
1 EL gemahlene Kurkuma
Fleisch von 1 Kokosnuss, in der
   Küchenmaschine in 30 Sekunden
   zu grober Paste verarbeitet
1 Handvoll frisches Koriandergrün

Für 6 Personen

Dieses Rezept stammt wieder von Sunanda Shetty, der Mutter Shilpa Shettys. Sie bereitet auf diese Weise auch Huhn zu, doch Shilpa bevorzugt Lamm oder Hammel.

Das Fleisch mit etwas Salz und Pfeffer würzen und in einem Topf mit 100 Milliliter Wasser bedecken. Zum Köcheln bringen und zugedeckt in etwa 45 Minuten gerade weich garen.

Das Öl in einem großen Topf erhitzen und Bockshornklee, Senfsamen und Curryblätter 1–2 Minuten rösten, bis sie dunkler werden. Zwiebeln und Ingwer-Knoblauch-Paste hinzufügen und goldbraun pfannenrühren.

Tomaten, Chilis und getrocknete Gewürze einrühren und mit etwas Salz würzen. Alles gründlich verrühren.

Das Fleisch mit der Garflüssigkeit und der Kokospaste untermischen. Noch etwa 10 Minuten schwach erhitzen, bis die Flüssigkeit eingekocht und das Fleisch schön aromatisch ist. Mit Koriandergrün garnieren.

Heiß mit Reis und Tomatencurry (Seite 122) servieren.

Tomato Saar

TOMATENCURRY

2 EL Pflanzenöl
2 Zwiebeln, geschält, fein gehackt
6 große Tomaten, enthäutet, Samen entfernt, fein gehackt
5 frische grüne Chilis, längs halbiert, Samen entfernt
1 Zimtstange
2 Möhren, geschält, fein geraspelt
100 g grüne Bohnen, Enden entfernt, fein gehackt
1 TL Zucker
Salz

FÜR DIE GEWÜRZMISCHUNG:
1 EL Pflanzenöl
1 Prise Asafötida
½ TL gemahlene Kurkuma
1 TL schwarze Senfsamen
5–6 Curryblätter
1 Handvoll frisches Koriandergrün, gehackt

Für 6 Personen

Das Öl in einem Topf erhitzen und die Zwiebeln darin weich braten. Die restlichen Zutaten für das Curry und 400 Milliliter Wasser hinzufügen. Ohne Deckel 15 Minuten köcheln lassen.

Für die Gewürzmischung das Öl in einem kleinen Topf erhitzen und sämtliche Zutaten mit Ausnahme des Korianders unterrühren. Sobald die Senfsamen aufplatzen, die Mischung ins Curry rühren. Mit frischem Koriander garnieren.

Das Tomatencurry serviert man mit Reis und weiteren Fleisch- und Fischgerichten.

FISCHCURRY NACH MANGALORE-ART

3 EL Pflanzenöl
1 Prise Asafötida
1 TL Bockshornkleesamen
1 TL Kreuzkümmelsamen
6 Curryblätter
2 Zwiebeln, geschält und gerieben
1 EL Ingwer-Knoblauch-Paste
5 frische grüne Chilis, längs aufgeschnitten, Samen entfernt
2 TL gemahlener Koriander
1 TL gemahlene Kurkuma

1 TL frisch gemahlener schwarzer Pfeffer
1 EL Tamarindenpaste
5 *Kokum*-Früchte, in etwas Wasser eingeweicht (siehe Seite 142)
6 Seebrassenfilets
250 ml Milch
Salz
1 TL Zucker
1 Handvoll frisches Koriandergrün, gehackt

Für 6 Personen

Statt Seebrassen können Sie das Curry auch mit Lachs, Seeteufel, Kabeljau oder einem anderen Meeresfisch mit festem Fleisch zubereiten. Sind die Fischfilets dicker, muss das Curry etwas länger gegart werden. Wer keine Kokum-Früchte bekommt, verwendet einfach etwas mehr Tamarindenpaste.

Das Öl in einem großen Topf erhitzen und Asafötida, Bockshornklee, Kreuzkümmel und Curryblätter darin rösten, bis sie dunkler werden. Zwiebeln und Ingwer-Knoblauch-Paste dazugeben, unter Rühren einige Minuten braten. Chilis und getrocknete Gewürze hinzufügen. Die Hitze reduzieren, Tamarindenpaste und *Kokum*-Früchte unterrühren.

Die Fischfilets in den Topf geben und nach 2 Minuten wenden. Milch, Salz und Zucker hinzufügen und das Curry noch 3–5 Minuten garen. Mit Koriandergrün garnieren und heiß servieren.

Der Actionstar mit einem Faible für die Komödie wurde in eine Mangalore-Familie hineingeboren, in der Essen eine große Rolle spielt. Sie leiten neunzig Prozent der Fast-Food-Restaurants in Maharashtra. Sein Vater, Veerappa Shetty, kam mit neun Jahren nach Bombay und arbeitete sich hoch: vom Küchenjungen bis zum Besitzer der Restaurants, in denen er vorher Teller gewaschen hatte.

Von Geburt an war Suneil Shetty von Essen umgeben. In den Schul- und Universitätsferien arbeitete er in den Restaurants seines Vaters. »Ich war ein Meister darin, die Küche und die Bar zu führen oder Inventur zu machen.« Sein neuestes Unternehmen ist der »Salt Water Grill«, ein Strandrestaurant in Chowpatty Beach. Am südindischen Mangalore fasziniert ihn vor allem das Tempelessen – Reis, *pooris*

Suneil Shetty

(ausgebackene Fladenbrote), Melonen, Pickles, Chutneys, *pappadams* ... alles auf Bananenblättern serviert. »Meine Mutter ist die beste Köchin der Welt, aber sogar ihr Essen schmeckt in Mangalore noch besser. Das macht der Geschmack der dortigen Zutaten. Vor allem die Kokosnuss, die in so vielen unserer Gerichte steckt, ist dort besonders süß.« Suneil hat die ganze Welt bereist. Er liebt besonders libanesische Fleischgerichte und Thai-Currys: »Für mich ist Ananda Solomon der herausragendste Koch der Welt. Er hat unglaublich gutes Restaurantessen ins ›Taj President‹ gebracht, sei es im ›Thai Pavilion‹, der ›Trattoria‹ oder dem ›Konkan Café‹.«

In jungen Jahren interessierte er sich für Kampfsport und trainierte traditionelles Karate in Japan. Später lernte er Kickboxen, das er wegen der Anmut, des Stils und der eleganten Körperbewegungen schätzt. Dieses Training hat ihn zum Kino gebracht. »Ich konnte kämpfen, deshalb bekam ich die Filme. Schauspielern lernte ich erst währenddessen«, sagt er ehrlich. *Dharkan, Border* und *Hera Pheri* sind Filme, mit denen er zufrieden ist. Er hatte auch an seiner Bösewichtrolle in *Main Hoon Na* Spaß, die beim Publikum besonders ankam. Komödien sind eine weitere Stärke von Suneil, und viele seiner letzten Rollen liegen in diesem Fach.

Suneil ist ein Familienmensch und freut sich, nach der Arbeit zu Hause mit seinem Sohn Ahan Fußball zu spielen oder mit der Tochter Athya fernzusehen. Drei Generationen leben unter einem Dach, was er »super« findet. Er ist vielleicht der einzige Schauspieler Bollywoods, der noch nie Alkohol, Tabak oder Drogen angerührt hat; er geht um zehn ins Bett und taucht bei Filmevents, die spätabends stattfinden, erst gar nicht auf. Nach siebzehn Jahren beim Film vergisst er oft, dass er Schauspieler ist, und wundert sich manchmal, warum die Leute ihn anstarren. Suneil genießt immenses Wohlwollen in der Filmindustrie, wo er wegen seiner Beliebtheit und Verlässlichkeit in Geschäftsdingen als »Anna« (großer Bruder) bekannt ist. Filme, Essen und Familie – das ist die Summe von Suneil Shettys Welt!

Kori Sukka

WÜRZIGES TROCKENES HUHN

Dieses Gericht ist eine Spezialität der Bunt-Gemeinde – Hindus aus dem südindischen Mangalore. Eine typische Zutat ihrer Küche ist badige (eine rote Chilisorte der Region), und die Saucen bestehen meist aus getrockneten Gewürzen und Kokosmilch. Aishwarya Rai, Suneil Shetty und Shilpa Shetty gehören alle der Bunt-Gemeinde an. Das Rezept stammt aus Suneils Küche, und er ist sehr stolz darauf.

In einem Topf ½ Esslöffel *Ghee* oder Butter erhitzen und Koriander, Kurkuma, Pfeffer, Fenchelsamen, Bockshornklee und Mohnsamen darin rösten. Sobald die Gewürze zu duften beginnen, vom Herd nehmen und abkühlen lassen. Mit den gerösteten Chilis und der Tamarindenpaste im Mörser oder Mixer zu einer Paste verarbeiten.

Kokosraspel, Knoblauch und Kreuzkümmel ebenfalls zu einer groben, trockenen Paste verarbeiten.

Die Hühnerstücke mit der ersten Paste vermischen und 10 Minuten stehen lassen. In einer großen, flachen Pfanne mit Deckel 1½ Esslöffel *Ghee* oder Butter schwach erhitzen. Das Fleisch hineingeben und durchrühren. Zugedeckt 30 Minuten braten, bis das Fleisch fast gar ist. Dabei ab und zu umrühren.

Die zweite Paste und etwas Salz untermischen. Zugedeckt noch etwa 5 Minuten braten, um das Fleisch fertig zu garen.

In einem kleinen Topf das restliche *Ghee* oder die Butter erhitzen und die Curryblätter 1 Minute darin rösten. Die Zwiebeln hinzufügen und goldbraun braten. Als Garnitur über das Fleisch geben und heiß servieren.

Dazu passen *Ghee*-Reis (gekochter Reis, über das *Ghee* geträufelt wird), einfacher Reis oder dünne Fladenbrote (*Roti*, Seite 155).

---

3 EL *Ghee* oder Butter
3 EL Koriandersamen
¾ TL gemahlene Kurkuma
1½ TL schwarze Pfefferkörner
¾ TL Fenchelsamen
1½ TL Bockshornkleesamen
1½ TL Mohnsamen
18 ganze getrocknete rote Chilis, etwa 3 Minuten ohne Fett in der Pfanne geröstet
1 EL Tamarindenpaste
Fleisch von 1 Kokosnuss, geraspelt
3–4 Knoblauchzehen, geschält
1½ TL Kreuzkümmelsamen
1 Huhn (etwa 1,25 kg), enthäutet, in etwa 12 Stücke zerteilt
Salz
8 Curryblätter
1½ große Zwiebeln, geschält und fein gehackt

Für 6 Personen

Uppittu

WÜRZIGER GRIESSBREI MIT KOKOSRASPELN

Ob zum Frühstück oder zum Kaffee am Nachmittag, dieser Snack aus Mangalore ist stets ein Genuss.

Einen Topf mit schwerem Boden erhitzen und den Grieß darin ohne Fett rösten, bis er sich leicht verfärbt. Beiseitestellen und abkühlen lassen.

Das Öl in einem Topf erhitzen und die ersten fünf Zutaten der Gewürzmischung hineingeben. Sobald die Senfsamen aufplatzen, Asafötida und Kurkuma hinzugeben und 1 Minute rösten. Dabei ständig rühren, damit die Gewürze nicht am Topfboden anlegen.

Die Zwiebel dazugeben und braten, bis sie glasig ist. Die Kartoffel-scheiben gleichmäßig untermischen, 250 Milliliter Wasser und etwas Salz hinzufügen. Köcheln lassen, bis die Kartoffeln weich sind.

Die Hitze reduzieren, Ingwer und Zucker unterrühren. Zuletzt den gerösteten Grieß nach und nach einstreuen und dabei ununter-brochen rühren, damit sich keine Klümpchen bilden. Zugedeckt noch einige Minuten köcheln lassen.

Auf kleine Schälchen verteilen. Mit frischem Koriander und Kokos-raspeln garnieren. Flüssiges *Ghee* darüberträufeln.

200 g Weizengrieß
4 EL Pflanzenöl
1 Zwiebel, geschält und
   in Scheiben geschnitten
1 Kartoffel, geschält und
   in Scheiben geschnitten
Salz
2 cm frische Ingwerwurzel,
   geschält und gerieben
1 EL Zucker
1 kleines Bund frisches
   Koriandergrün, gehackt
4 EL frisch geraspeltes
   Kokosfleisch
3 EL *Ghee*

FÜR DIE GEWÜRZMISCHUNG:
3 EL ungesalzene Erdnüsse
2 TL schwarze Senfsamen
2 TL geschälte, halbierte
   Urdbohnen (*Urad dal*)
3 getrocknete rote Chilis
5–6 Curryblätter
1 Prise Asafötida
½ TL gemahlene Kurkuma

Für 6 Personen

never break a heart

Marvai Ajhadhina

MUSCHELN NACH MANGALORE-ART

24 große Venusmuscheln,
z. B. Braune Venusmuscheln
(als Vorspeise genügen
18 Stück)
Fleisch von 1 Kokosnuss,
geraspelt
2 Knoblauchzehen, geschält und
in dünne Scheiben geschnitten
30 frische rote Chilis, halbiert,
Samen entfernt
2 EL Koriandersamen
2 EL Kreuzkümmelsamen
½ EL Bockshornkleesamen
1 EL schwarze Pfefferkörner
½ TL gemahlene Kurkuma
3 Zwiebeln, geschält und gehackt
3 EL Kokosöl
40–50 g Tamarindenmark,
30 Minuten in 50 ml Wasser
eingeweicht und abgeseiht
Salz

Für 6 Personen

Diese Muscheln sind wirklich köstlich, aber auch feurig scharf! Reduzieren Sie die Menge der Chilis darum ruhig nach Ihrem Geschmack. Das Gericht schmeckt als Vorspeise ebenso wie als Hauptgang und passt gut zu Bier.

Die Muscheln unter fließendem kaltem Wasser gründlich waschen. Die Schalen aufbrechen und die Hälften ohne Fleisch wegwerfen. Kokosraspel, 1 Esslöffel Kreuzkümmel und fünf Scheiben Knoblauch im Mixer zu einer groben Paste verarbeiten.

Chilis, Koriander, restlichen Kreuzkümmel, Bockshornklee, Pfefferkörner, Kurkuma, acht Scheiben Knoblauch und zwei Zwiebeln in 2 Esslöffel Kokosöl rösten. Sobald die Gewürze aromatisch duften und die Zwiebeln leicht gebräunt sind, die Mischung vom Herd nehmen und abkühlen lassen. Im Mörser zu einer Paste zerreiben. Falls nötig, etwas Wasser hinzufügen.

Die Gewürzpaste und die Muscheln in einen großen Topf geben. Bei schwacher Hitze 3–4 Minuten garen, mit Kokospaste und Tamarindenwasser vermischen und weitere 3–4 Minuten köcheln.

In einem Topf das restliche Kokosöl erhitzen und darin die restliche Zwiebel mit fünf Knoblauchscheiben kräftig bräunen. Die Muscheln untermischen, mit Salz abschmecken und heiß servieren.

Kane Ghashi/Nogli

LADYFISH-CURRY AUS MANGALORE

FÜR DIE PASTE:

Fleisch von 1 Kokosnuss, geraspelt

8 getrocknete rote Chilis, in 1 EL Kokosöl geröstet

1 EL Tamarindenpaste

750 g Ladyfish, küchenfertig vorbereitet, in 6 Scheiben geschnitten

Salz

2 EL Kokosöl

1 Zwiebel, geschält und fein gehackt

Für 6 Personen

Wer aus Mangalore stammt, liebt nogli/kane, *den Ladyfish, und als* ghashi *bezeichnet man dort würzige Currys mit Kokos. Ladyfish wird vor der Westküste Indiens gefangen, und Sie können ihn ruhig durch einen anderen mageren Fisch mit festem weißem Fleisch ersetzen. Wer es nicht ganz so scharf mag, sollte nur halb so viele Chilis oder noch weniger verwenden. Das Kokosöl ist für diese Küche ganz typisch, und Sie sollten es unbedingt ausprobieren.*

Für die Paste Kokosraspel, geröstete Chilis und Tamarindenpaste im Mörser fein zerreiben. Paste, Fischscheiben und etwas Salz in einem Topf mit schwerem Boden sachte vermischen, sodass der Fisch gleichmäßig bedeckt ist. Erhitzen und etwa 200 Milliliter Wasser dazugießen. Aufkochen und zugedeckt 10 Minuten köcheln lassen. Das Curry wird sehr dick, darum bei Bedarf mehr Wasser dazugießen. Den Fisch nicht zu lange garen, da er sonst zerfällt.

In einem kleinen Topf das Kokosöl erhitzen und die Zwiebel darin goldbraun braten. Die Zwiebel über das Curry geben. Den Topf zugedeckt schwenken, um die Zwiebel unterzumischen. Auf Löffel oder Spatel zum Durchrühren verzichten, da der Fisch sehr zart ist und seine Form behalten soll. Mit Reis servieren.

TYPISCH INDISCH

Wer keine frischen Kokosraspel verwenden möchte, nimmt einfach dicke Kokosmilch. In den Küchen Südindiens verwendet man gern geraspelte Zutaten, sie geben Currys einen angenehmen Biss. Die bei uns fertig zu kaufenden Kokosraspel sind meist nicht verwendbar, weil sie gezuckert sind.

RECHTS: Als Jackie Shroff seinen Mentor Subhash Ghai kennenlernte, bat er ihn um eine Rolle als Bösewicht. Stattdessen spielte er den Titelheld in Hero.

Im Süden Bombays gibt es immer noch viele anheimelnde iranische Restaurants mit ihrer schlichten, aber umfassenden Speisekarte. Als Junge liebte Jackie Shroff die Frühstücke dort mit seinem Vater. Sie verschlangen *brun masaka* mit Zucker, um sie herum das Knistern der Zeitungsseiten und das Brutzeln der Eier. Auf der Theke stand eine Auswahl von Backwaren, klebrig vom dicken Zuckerguss.

In Teen Batti in Bombay, wo er in einer Einzimmerwohnung aufwuchs, gab es viele Köstlichkeiten. Am Ende der Straße war ein kleines indisches Restaurant, oben in Hanging Gardens lockten die auf heißer Kohle gegrillten *seekh kebabs* mit dünn verstrichenem Minz-Chutney. Als er fast aus dem Teenageralter heraus war und bereits in New York lebte, war ein iranisches Restaurant, das bis heute existiert, sein Hauptaufenthaltsort. »*Crocodile Rock* aus der Jukebox und dazu Bier mit Pommes. Das war ein Leben!« Jackie hatte viele Freunde, die ständig in Schwierigkeiten gerieten, und die er jedes Mal auf Kaution freibekam. Er verdiente sich dabei den Spitznamen »Jaggu Dada«, der ihn auch während der Jahre beim Film nicht verließ: Oft ist es sogar sein Künstlername auf der Leinwand. Jackie kocht für sein Leben gern, sein erster Lehrmeister war seine Nase. Er war zu klein, um seiner Mutter beim Kochen zuzusehen, deshalb hängte er sich an ihren Rockzipfel und

Jackie Shroff

folgte ihren Handlungen durch die Gerüche. Ein paar Jahre später begann er die Nuancen beim Kochen zu erkennen. »Nahrung muss liebevoll zubereitet werden. Benutz deine Hände so viel wie möglich, nicht das Messer. Zupf die Blätter zärtlich auseinander, der Geschmack wird ein völlig anderer sein.« Zwiebeln sollten mit der Hand zerdrückt werden, nicht mit Messern geschnitten. Jackie glaubt, dass Metall nur minimalen Kontakt zu rohen Lebensmitteln haben sollte. Er hat ausgiebig untersucht, wie Speisen auf den Körper wirken: Obst nach dem Essen ist zum Beispiel ungünstig, Suppen sollten als letzter Gang gereicht werden. Außerdem hat er mir seine Theorie zum Thema Essen und Trinken verraten: Diejenigen, die zum Essen trinken, nennt er *bhogi* (verstandesgesteuert), diejenigen, die nach dem Essen trinken, *rogi* (krankheitsgesteuert), und die, die vor dem Essen trinken, *yogi* (von der vollkommenen Gesundheit gesteuert).

Seine Filmkarriere begann mit *Hero*, Subhash Ghais erstem Film, der sofort ein großer Erfolg wurde. Inzwischen hat er in einhundertachtzig Filmen mitgespielt, und er sieht aus, als könnten es noch einmal so viele werden. Der neue Film *Devdas* (2002) zeigte ihn als Chunnilal, einen ambivalenten Charakter, mit dem er eine seiner bemerkenswertesten Darstellungen lieferte.

Bhuna Baingan

GERÖSTETE AUBERGINEN

4 große Auberginen
20 Knoblauchzehen, geschält
8 frische grüne Chilis
Salz
4 EL Senf- oder Sesamöl
   (am besten kalt gepresst)

Für 6 Personen

Dieses originelle und herrlich unkomplizierte Gericht hat Jackie Shroff selbst kreiert. Er bereitet die Auberginen im traditionellen indischen Lehmofen, dem Tandoor, zu.

Jede Aubergine rundum siebenmal einschneiden. In die Einschnitte je fünf ganze Knoblauchzehen und zwei grüne Chilis stecken, sodass die Auberginen an einen Igel erinnern. Nach Wunsch die Chilis vorher halbieren und Samen entfernen.

Die Auberginen mit einer Küchenzange halten und über einer Gasflamme rundum rösten. Sobald die Schale schwarz ist und aufreißt, diese vorsichtig abziehen. Das Fleisch der Auberginen mit Knoblauch und Chilis zerstampfen.

Mit Salz würzen, das Öl darübergießen und untermischen.

Die aromatischen Auberginen harmonieren wunderbar mit dünnen Fladenbroten (*Roti*, Seite 155).

Pao Bhaji

BOMBAY-BROT MIT WÜRZIGEM GEMÜSE

250 g Butter
50 g Kreuzkümmelsamen
100 g Ingwer-Knoblauch-Paste
600 g Kartoffeln, gekocht und
gepellt
600 g Tomaten, enthäutet,
Samen entfernt, gehackt
300 g grüne Erbsen, gekocht
100 g *Pao bhaji masala*
(Seite 154)
Salz
4 EL frisch gepresster Limettensaft
100 g frisches Koriandergrün,
gehackt
Butterflöckchen zum Garnieren
24 *Pao* (indisches Brötchen)
300 g Zwiebeln, geschält,
fein gehackt
2 Zitronen, in Spalten geschnitten

Für 6 Personen

Jackie Shroff liebt die Spezialitäten der Straßenstände, und nach einem langen Drehtag ist dieser Klassiker der Straßenverkäufer Bombays sein bevorzugter Mitternachtssnack. Am Imbissstand wird er auf einer großen, runden Backplatte, der tava, zubereitet. Die Kunden schauen zu, wie das Pao halbiert und mit Butter und Masala in der Mitte der Platte geröstet wird. Pao bhaji masala ist mittlerweile eine bekannte Gewürzmischung und in vielen indischen Lebensmittelläden erhältlich.

In einer großen Pfanne mit schwerem Boden die Butter erhitzen. Den Kreuzkümmel und die Ingwer-Knoblauch-Paste darin leicht rösten.

Kartoffeln, Tomaten, Erbsen und *Pao bhaji masala* hinzugeben. Köcheln lassen, das Gemüse dabei zerstampfen und mit Butter und Gewürzen vermischen. Mit etwas Salz abschmecken. Vom Herd nehmen und den Limettensaft unterrühren.

Mit Koriandergrün und Butterflöckchen garnieren und mit frischem *Pao* (4 Stück pro Person) servieren. Dazu gehackte Zwiebeln und Zitronenspalten reichen.

RECHTS: Nach ihrer Babypause wird Raveena 2007 mit *Happy New Year!* an der Seite von Shah Rukh Khan auf die Leinwand zurückkehren. Von ihren Fans wird ihr Comeback bereits sehnsüchtig erwartet.

Raveena hat sich von der beliebten Hauptdarstellerin im Mainstream-Kino zur seriösen Schauspielerin in Kunstfilmen entwickelt, eine Reise, die sie durchweg genossen hat. Auf der Leinwand bestach sie immer durch ihren Schwung, ihren Glamour und ihre Eleganz und überwand spielerisch die Kluft zwischen westlichem und indischem Styling. Momentan genießt sie ihre Mutterschaft und hat sich filmfrei genommen, aber ihr Zauber wird sicher neu aufleben, wenn sie in die Kinos zurückkehrt.

Sie wuchs in einer punjabischen Familie auf, die besonderen Wert aufs Essen legte. Zum guten Start in den Tag gab es morgens *parathas* in weißer Butter und Toasts mit *malai* (indische Sahne) und Zucker. Ihre Vorliebe als Kind für Süßigkeiten machte sie zur »full laddoo« der Familie. Ihr Vater drohte ihr gerne, sie an einen *halwai* (Süßwarenkoch) zu verheiraten. Ihre Schwäche für südindisches Essen begann mit den Familienausflügen zum Schrein von Shirdi in Maharashtra. Auf dem Weg dorthin hielten sie grundsätzlich beim Restaurant »Dasaprakash« und schlugen sich die Bäuche voll mit *idlis* (Reiskuchen) und *dosas* (südindische Pfannkuchen). Am liebsten mochte sie das Kokos-Chutney, das zu beidem gereicht wurde.

Raveena Tandon

Ihr mittlerweile verstorbener Koch Charles Anthony Jackson sorgte für weitere unvergessliche Gerichte. Sein Haifisch-Curry auf Goa-Art, *Dal gosht* (Seite 143) und Sindhi-Curry sind bis heute unerreicht. Er verriet gerne seine Rezepte, und sie leben weiter in der Küche der Mutter und der neuen Köche.

Mit dreizehn war sie dick, mit sechzehn fit genug, um beim Film mitzumachen. Sie hat große Selbstdisziplin und ein gutes Gespür, was sie essen darf. Daher bleibt sie trotz ihrer Vorliebe für reichhaltiges Essen und Süßigkeiten schlank. Sie isst gern dampfgegarte Gerichte, viel Suppe, Salat und Sprossen. Raveena hält sich an die ayurvedische Regel, jeden Tag für die Gesundheit etwas pures *Ghee* zu essen. Sie ersetzt außerdem Zucker durch Datteln und Rosinen, sogar die erste Nahrung ihrer Tochter wurde mit diesen natürlichen Zutaten gesüßt. Sie bevorzugt organisches Gemüse, ungeschälten Reis und Mangos von der eigenen Farm, um die Gesundheit der Familie zu stärken.

Mit der Ehe und der Geburt ihrer kleinen Tochter findet Raveena allmählich die Zeit, zu kochen und mit europäischen Küchen zu experimentieren. Sie macht gerne Vollkornpasta oder Risotto und verwendet kalt gepresste Öle und fettfreien Frischkäse. Die Familie geht zum Essen gerne aus und hat ihre speziellen Lieblingsrestaurants: »Urban Tadka« in Bombay (indisch), »Pan Asia« (koreanisch und polynesisch) und »Royal China« (chinesisch) in London, wo sie übrigens zum ersten Mal chinesisch aß.

Sai Bhaji

SPINAT-KICHERERBSEN-DAL

100 g geschälte, halbierte kleine Kichererbsen (Gram oder Channa dal)

5 cm frische Ingwerwurzel, geschält und in Scheiben geschnitten

4 Knoblauchzehen, geschält

4 große Tomaten, geviertelt

1 Kartoffel, geschält und geviertelt

3 frische grüne Chilis, längs halbiert, Samen entfernt

1 TL gemahlene Kurkuma

Salz

3 Bund frischer Spinat, gründlich gewaschen und grob gehackt

Für 6 Personen

Dieses Sindhi-Gericht ist rein vegetarisch, hat kaum Kalorien und schmeckt wunderbar aromatisch. Raveenas Mutter stammt aus Sindh (ursprünglich Pakistan), und auch ihr Ehemann, Anil Thadani, ist Sindhi.

Sämtliche Zutaten mit Ausnahme des Spinats in einen großen Topf mit fest schließendem Deckel geben und 150 Milliliter Wasser dazugießen. Zugedeckt bei starker Hitze aufkochen. 40–50 Minuten köcheln lassen, bis die Kichererbsen fast weich sind. Den Spinat dazugeben und weitere 2–3 Minuten garen. Den Deckel nicht mehr auf den Topf setzen, damit der Spinat seine Farbe behält.

Gemüse und *Dal* mit einem Kartoffelstampfer zerstampfen. Die Mischung jedoch nicht in den Mixer geben, da das *Dal* sonst zu fein wird und den gewünschten Biss verliert.

Heiß mit Reis und einem Gemüsegericht ohne Sauce servieren.

Khatti Dal

SCHARFWÜRZIGES DAL AUS GELBEN LINSEN

300 g gelbe Linsen (Toor dal)
Salz
1 TL gemahlene Kurkuma
3 cm frische Ingwerwurzel,
  geschält und fein gewürfelt
3 Tomaten, halbiert
2 frische grüne Chilis, längs
  halbiert, Samen entfernt
2 EL Pflanzenöl
2 EL Bockshornkleesamen
10 g Kokum-Früchte, in kaltem
  Wasser eingeweicht
  (Seite 142)

Für 6 Personen

Raveena bereitet dieses Dal gern selbst zu, denn es gehört zu ihren erklärten Lieblingsgerichten.

Die Linsen mit etwas Salz, Kurkuma, Ingwer, Tomaten und den Chilis in einen Topf mit schwerem Boden geben, 1,5 Liter Wasser hinzugießen und aufkochen. Etwa 50 Minuten köcheln lassen.

Das Dal durch ein Sieb passieren, um die Tomatenhaut und die Ingwerwürfel zu entfernen.

In einem kleinen Topf das Öl erhitzen und den Bockshornklee darin rösten, bis er dunkler wird. Mit dem Öl über das Dal gießen.

Die Kokum-Früchte im Einweich-wasser zerstampfen und durch ein Sieb abgießen. Das Wasser auffangen, unter das Dal rühren und dieses nochmals aufkochen.

Heiß mit Reis und Gemüse servieren.

Sindhi Kadi

DAL AUS GELBEN LINSEN UND GEMÜSE

125 g gelbe Linsen (Toor dal)
Salz
½ TL gemahlene Kurkuma
4 Tomaten, halbiert
5 EL Pflanzenöl
Einige Curryblätter
1 EL Kreuzkümmelsamen
½ EL Bockshornkleesamen
½ TL Asafötida
5 frische grüne Chilis, längs halbiert, Samen entfernt
5 EL Kichererbsenmehl
2½ TL rotes Chilipulver
150 g Okraschoten, längs halbiert
100 g grüne Bohnen, Fäden entfernt, Enden weggeschnitten
1 eingelegter Lotosstiel aus der Dose, in 3 cm lange Stücke geschnitten
4 Kartoffeln, geschält und halbiert
6–7 Kokum-Früchte, in 25 ml Wasser eingeweicht (siehe unten)

Für 6 Personen

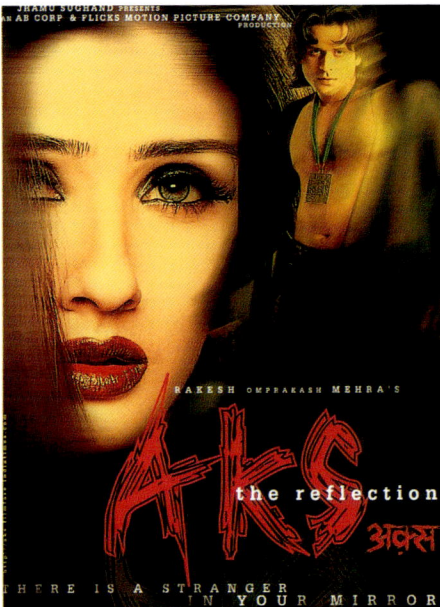

Hier ein weiterer Klassiker aus Raveenas Sindhi-Küche.

Die gelben Linsen 40 Minuten in kaltem Wasser einweichen. Abgießen und mit etwas Salz, Kurkuma und Tomaten in einem Topf mit 600 Milliliter Wasser bedecken. Aufkochen und so lange köcheln lassen, bis die Linsen weich sind. Abkühlen lassen und das *Dal* durch ein Sieb passieren. Es hat eine suppenartige Konsistenz.

Das Öl in einem großen Topf erhitzen. Curryblätter, Kreuzkümmel, Bockshornklee, Asafötida und Chilis darin 2 Minuten rösten, dann das Kichererbsenmehl dazugeben. Dabei ununterbrochen rühren. Das rote Chilipulver hinzufügen und noch 1 Minute rühren, bis sich das Mehl hellbraun verfärbt.

Das *Dal* in die Gewürzmischung geben und so lange rühren, bis alles gut vermischt ist. Okras, grüne Bohnen, Lotos, Kartoffeln und *Kokum*-Früchte untermischen und das *Dal* 30–45 Minuten köcheln lassen, bis das Gemüse gerade weich ist.

Heiß mit Basmatireis, Kartoffelküchlein und süßen *Boondi* (Kichererbsen) servieren.

TYPISCH INDISCH

Als *Kokum* bezeichnet man die Frucht des Garciniabaums aus Zentralindien, der vornehmlich in Goa angebaut wird. In den Küchen Goas und Mangalores gebraucht man sie gern als Säuerungsmittel und dank ihrer kühlenden Eigenschaften auch für Fruchtdrinks. *Kokum* bekommt man in indischen Lebensmittelläden in Form von getrockneten Früchten und Schale. Als Ersatz kann man Zitronensaft verwenden.

Dal Gosht

LAMM-KICHERERBSEN-CURRY

100 g *Ghee*
6 große Zwiebeln, geschält und in dünne Scheiben geschnitten
10 Kardamomkapseln
1 TL gemahlene Samen von Kardamomkapseln
10 Gewürznelken
1 TL gemahlene Kurkuma
3 EL gemahlener Koriander
1 kg Lammfleisch, in 5 cm große Würfel geschnitten
1 TL Ingwerpaste

1 TL Knoblauchpaste
2 TL rotes Chilipulver
200 g geschälte, halbierte kleine Kichererbsen (*Gram* oder *Channa dal*), 1 Stunde in kaltem Wasser eingeweicht
200 ml Joghurt
1 EL Salz
2 EL frisches Koriandergrün, gehackt

Für 6 Personen

In einem großen Topf 50 Gramm *Ghee* erhitzen und die Zwiebeln darin leicht bräunen. Abkühlen lassen und im Mörser zu einer Paste zerreiben. Falls nötig, etwas Wasser unterrühren. Beiseitestellen.

Im selben Topf das restliche *Ghee* bei niedriger Temperatur erhitzen. Kardamom, Gewürznelken, Kurkuma und Koriander 1–2 Minuten darin rösten, bis die Gewürze aromatisch duften. Dabei ständig rühren, damit nichts anlegt. Das Fleisch und die Zwiebelpaste (s. o.) hinzufügen und mit den Gewürzen anbraten, bis es zartrosa ist.

Ingwer- und Knoblauchpaste sowie das rote Chilipulver dazugeben, etwa 1 Minute pfannenrühren. Kichererbsen und Joghurt untermischen, mit Salz abschmecken und die Mischung knapp mit Wasser bedecken. Zugedeckt etwa 1 Stunde köcheln lassen. Regelmäßig durchrühren, damit nichts anlegt. Die Mischung sollte bei schwacher Hitze sachte köcheln, sodass sich die Aromen gut entfalten können und die Flüssigkeit gleichmäßig einkocht.

Das fertige Curry ist wunderbar dick und aromatisch. Mit frischem Koriander garnieren und heiß mit Reis oder dünnem Fladenbrot (*Roti*, Seite 155) servieren.

Gulab Jamun

GEBACKENE KLÖSSCHEN
IN ROSENWASSERSIRUP

250 g Zucker
2 EL Rosenwasser
175 g Mehl
50 g Milchpulver
50 ml Vollmilch
250 ml Pflanzenöl zum Ausbacken
15–20 Pistazienkerne, grob gehackt

Für 6 Personen

Raveena ist eine echte Expertin für die Zubereitung dieser Klößchen und nannte mir das Rezept mühelos aus dem Gedächtnis.

Für den Sirup 1 Liter Wasser in einem Topf mit schwerem Boden aufkochen. Den Zucker hineingeben und so lange rühren, bis er sich aufgelöst hat. Den entstandenen Sirup um ein Drittel einkochen lassen. Beiseitestellen und abkühlen lassen. Das Rosenwasser gründlich unterrühren.

In einer Schüssel Mehl und Milchpulver mit der Milch zu einem elastischen Teig verarbeiten. Auf einer leicht bemehlten Arbeitsfläche kneten, bis der Teig schön glatt ist. Kleine Klößchen von etwa 3 cm Durchmesser formen. Da sie schnell hart werden, die Klößchen nun möglichst zügig ausbacken.

Das Öl zum Ausbacken in einer Pfanne erhitzen. Die Hitze reduzieren. Nacheinander vier Klößchen ins Öl geben und mit einem Schaumlöffel wenden, sodass sie rundum bräunen. Sobald sie dunkelbraun werden, herausnehmen und auf Küchenpapier abtropfen lassen.

Die *Gulab jamun* in den Sirup legen und 15 Minuten einweichen lassen. Mit gehackten Pistazien garnieren und warm servieren.

Preity Zinta ist ein überschäumender, moderner Mensch voller Geist und mit tollen Ideen. Wie ein Wirbelwind fuhr sie in die oberste Liga der Schauspieler. Ihre Ausstrahlung fiel Shekhar Kapur vor etwa zehn Jahren auf, als er sie in einer Seifenwerbung sah, und er wollte mit ihr einen Film machen. *Tara Rum Pum* war zwar kein großer Erfolg, aber Preity hatte von da an haufenweise Kassenschlager. *Kya Kehna, Soldier, Dil Se* und kürzlich *Veer Zaara, Kal Ho Na Ho, Salaam Namaste* – sie alle stehen unter dem Bann ihres zauberhaften Lächelns. Nun freut sie sich auf ihren neuen Film *Kabhie Alvida Na Kehna*.

Preity Zinta

Sie findet, dass sie noch nie eine so schwierige Rolle gespielt hat und so gefordert wurde. »Ich spiele einen Charakter, der so anders ist als ich, dass es wirklich anstrengend, aber eine große Bereicherung war.« Preity genießt es zu essen und hat im Hauswirtschaftsunterricht kochen gelernt – ihr allererstes Gericht ist noch immer ihr liebstes: *pakoda kadhi* (Seite 151) mit Zitronenreis. Sie wuchs in Shimla mit nordindischer Küche auf und erinnert sich an einige ungewöhnliche Gerichte wie einen Farn namens *lingda, sidku* (eine gefüllte, gedämpfte Blüte) und *afeemdana ki roti* (dünnes Fladenbrot aus Mohnsamen), das an Wintertagen herrlich wärmt. Sie liebt es, für Freunde und die Familie

zu kochen und mit Aromen und Gewürzen zu experimentieren. »Ja, ich bekoche sogar meine Hunde (einen Boxer und eine Englische Bulldogge) an ihrem Geburtstag. Ich habe nur leider durch meine Arbeit momentan zu wenig Zeit dafür. Aber ich koche wirklich gern.«

Nach der indischen mag sie die italienische Küche am liebsten. »Und Sushi! Ich liebe es und sowieso alles im ›Nobu's‹. Ich mag Fisch, aber kein krabbelndes Getier.« (So nennt sie Meeresfrüchte wie Krebse, Muscheln und Krabben.) Sie isst vegetarisch, nur gelegentlich etwas Huhn.

Sie probiert eine Menge Gerichte in Bombay aus und geht oft essen, da sie ein geselliger Mensch ist. Im »Olive« bereitet der Koch Evan Gerichte speziell für sie zu. Außerdem mag sie das »Masala Bay« und das »Ming Yang« im »Taj Land's End«. Wenn sie an Kochen und Essen denkt, tanzen ihre Grübchen auf dem Gesicht vor Begeisterung. »Ich liebe *chatpat* (würziges Zeug) und muss dafür ins ›Elco‹ auf der Hill Road in Bandra gehen. Und dann die wunderbare indisch-chinesische Küche, die ich lieber mag als die original chinesische.« Da sie sehr auf ihre Gesundheit achtet, gibt sie ihrer Sehnsucht nach Straßen-imbissen wie *vada pao* oder *pao bhaji* (Seite 136) meist nicht nach. Wenn es sie aber in hygienischer Umgebung gibt, zögert Preity nicht. »›Elco‹ ist wirklich sauber. Als ich das erste Mal dort war, habe ich mir die Telefonnummer besorgt und ihm gesagt: ›Pass bloß auf, wenn es mir danach nicht gut geht, gehts dir an den Kragen.‹« Heute schwört sie auf das Essen dort. Preity isst normalerweise fünf kleine Mahlzeiten am Tag und hasst es, wie jeder Inder, Essen wegzuwerfen. »Ich wünschte, das ›Hard Rock Café‹ würde kleinere Portionen servieren oder kleine, mittlere und große, sodass Leute wie ich nicht so viel Essen verschwenden würden.«

Preity liebt den indischen Filmklassiker *Sholay* und romantische Hollywoodkomödien wie *Ein Fisch namens Wanda, Verrückt nach Mary* und *Meine Braut, ihr Vater und ich*: »Das ist immer so entspannend!« Und Preity liebt Outdoor-Abenteuer. Deshalb gehört zu ihrem Ferienprogramm Bungee-Jumping, Fallschirm-springen und Parasailing. Ab dem vierten Lebensjahr wurde sie zur Turnerin ausgebildet und spielte viel Basketball in der Schule und am College. Danach machte sie eine Ausbildung zur Kriminalpsychologin und kam zum Film wie die Jungfrau zum Kinde. Aber sie nahm die Gelegenheit mit voller Hingabe an, wie sie es mit allen Dingen tut. Und so ist Preity Zinta heute ganz oben.

OBEN: Preity Zintas spannends-ter neuer Film ist *Kabhie Alvida Na Kehna*. Darin tritt sie gegen Rani Mukerji an – in einer Schau-spielerriege, die nur Karan Johar so zusammenführen kann.

LINKS: Preity Zinta und Saif Ali Khan tanzen in *Kal Ho Na Ho*, nachdem sie von Shah Rukh Khan zusammengebracht wurden.

Bharwaan Gucchi

GEFÜLLTE MORCHELN

600 g getrocknete Morcheln

FÜR DIE FÜLLUNG:
90 ml *Ghee*
1½ Zwiebeln, geschält,
 in Scheiben geschnitten,
 in etwas *Ghee* **goldbraun**
 gebraten
300 g Champignons, geputzt,
 etwa 1 Minute in wenig
 Wasser gegart, gehackt
150 g Kartoffeln, ohne Schale
 in etwa 20 Minuten weich
 gegart, zerstampft
150 g Frischkäse
1 EL gelbes Chilipulver
1 EL gemahlener Kreuzkümmel
50 g geschälte indische Kicher-
 erbsen *(Channa dal)*, **geröstet**
 und gemahlen
1 TL gemahlene Kurkuma
4 frische grüne Chilis, Samen
 entfernt, fein gehackt
2 EL gehacktes frisches
 Koriandergrün
1 EL Ingwerpaste
2 TL *Garam masala* **(Seite 154)**
Salz

FÜR DIE MARINADE:
300 g Joghurt, in einem Musselin-
 tuch 4 Stunden abgetropft
150 g Frischkäse
150 ml süße Sahne
40 g gemahlener Kardamom
Frisch gemahlener weißer Pfeffer
Salz

Für 6 Personen

Auch in Indien sind Morcheln hoch geschätzte Wildpilze. Besonders köstlich schmecken sie in diesem Gericht, einer Kreation des Küchenchefs Jitendra Kumar vom Restaurant »Masala Bay« im »Taj Land's End«, in dem Preity Zinta oft und gern die gute indische Küche genießt. Als Ersatz können Sie auch frische große Champignons verwenden.

Die großen, ganzen Morcheln 10 Minuten in lauwarmem Wasser einweichen. Abgießen und abtropfen lassen.

Für die Füllung das *Ghee* in einem Topf erhitzen und die anderen Zutaten nacheinander gleichmäßig untermischen und anbraten. Beiseitestellen, abkühlen lassen.

Die Zutaten für die Marinade verrühren.

Die Morcheln füllen. In einer Schüssel mit der Marinade bedecken und 30 Minuten durchziehen lassen.

Die marinierten Morcheln auf sechs eingeweichte Holzspieße oder auf Metallspieße stecken und in einer Grillpfanne 10 Minuten im Backofen bei 170 °C grillen.

Heiß servieren. Besonders gut passen dazu Minz-Chutney oder Tomaten-Koriander-Chutney.

Rajma

KIDNEYBOHNEN IN TOMATENSAUCE

250 g Kidneybohnen, über Nacht in 500 ml kaltem Wasser eingeweicht
2 Zimtstangen
5 cm frische Ingwerwurzel, geschält und im Mörser fein zerrieben
Salz
4 EL Pflanzenöl
6 große Zwiebeln, geschält und fein gehackt
6 Knoblauchzehen, geschält und längs halbiert
4 frische grüne Chilis, längs halbiert, Samen entfernt
8 große Tomaten, enthäutet, Samen entfernt, gehackt
1 EL rotes Chilipulver
2 EL gemahlener Koriander
1 TL gemahlene Kurkuma
2 EL Garam masala (Seite 154)
2 Lorbeerblätter
1 Handvoll frisches Koriandergrün, gehackt

Für 6 Personen

Die Kidneybohnen abgießen und unter fließendem kaltem Wasser waschen.

Kidneybohnen, Zimtstangen, Ingwer und etwas Salz in einem Topf mit schwerem Boden mit etwa 1 Liter Wasser bedecken. Aufkochen und 50–60 Minuten köcheln lassen, bis die Bohnen gerade weich sind. Beiseitestellen und abkühlen lassen.

Das Öl in einem Topf erhitzen. Zwiebeln, Knoblauch und Chilis darin braten, bis die Zwiebeln leicht gebräunt sind. Tomaten, rotes Chilipulver, Koriander, Kurkuma, *Garam masala* und Lorbeerblätter untermischen und die Sauce einige Minuten rühren, damit nichts anlegt.

Die Kidneybohnen mit dem Wasser hinzufügen und die Mischung 5 Minuten sachte köcheln lassen.

Mit frischem Koriander garnieren. Heiß mit Reis oder dünnen Fladenbroten (*Roti*, Seite 155) servieren.

Kaali Dal

CREMIGES DAL AUS URDBOHNEN

100 g geschälte, halbierte
Urdbohnen (Urad dal),
über Nacht in kaltem
Wasser eingeweicht
Salz
5 cm frische Ingwerwurzel,
geschält und in feine
Streifen geschnitten
2 frische grüne Chilis, längs
halbiert, Samen entfernt
1 EL Knoblauchpaste
2 EL Sonnenblumenöl
3 Zwiebeln, geschält
und in dünne Scheiben
geschnitten

4 große Tomaten, enthäutet
und gewürfelt
2 EL gemahlener Koriander
1 TL gemahlener Kreuz-
kümmel
½ TL rotes Chilipulver
50 ml Crème double
2 EL Ghee
½ TL Asafötida
1 EL Garam masala
(Seite 154)
1 Handvoll frisches
Koriandergrün, gehackt

Für 6 Personen

Dieses Dal ist ein traditionelles Gericht der Punjabi-Küche. Früher wurde es am Abend aufgesetzt, garte über Nacht und war am nächsten Morgen über dem verglimmenden Kohlenfeuer fertig. Preity Zintas moderne Variante ist so authentisch wie möglich.

Die eingeweichten Urdbohnen mit dem Einweichwasser, etwas Salz sowie Ingwer, Chilis und Knoblauchpaste in einem Topf aufkochen. Durchrühren und zugedeckt für etwa 50 Minuten köcheln lassen, bis die Urdbohnen gerade weich sind.

Das Öl in einem zweiten Topf erhitzen und die Zwiebeln darin goldbraun braten. Die Tomaten hinzufügen und pfannenrühren. Gemahlenen Koriander, Kreuzkümmel und rotes Chilipulver unterrühren.

Die Urdbohnen unter die Zwiebel-Tomaten-Masala mischen. Unter ständigem Rühren die Crème double hinzugießen, sodass eine cremige Konsistenz entsteht.

In einem kleinen Topf das Ghee erhitzen. Asafötida und Garam masala darin unter Rühren 1 Minute rösten und über das Dal gießen. Mit frischem Koriander garnieren.

Das heiße Dal zu indischem Fladenbrot, Roti oder Naan (Seite 155) servieren.

Punjabi Pakoda Kadhi

PUNJABI-CURRY MIT FRITTIERTEN KLÖSSCHEN

FÜR DAS KADHI:
2 EL Kichererbsenmehl
500 g gesäuerter Joghurt
1 TL gemahlene Kurkuma
1 EL gemahlener Koriander
Salz

FÜR DIE PAKODA:
1 EL rotes Chilipulver
1 TL gemahlener Kreuzkümmel
½ TL Asafötida
**1 EL Fenchelsamen, geröstet
  und gemahlen**
100 g Kichererbsenmehl
**1 große Zwiebel, geschält
  und fein gehackt**
**3 frische grüne Chilis, Samen
  entfernt, gehackt**
**1 EL getrocknete
  Granatapfelkerne**
**1 Handvoll frisches
  Koriandergrün, gehackt**
1 Prise Backpulver
Salz

Sonnenblumenöl zum Frittieren

FÜR DIE GEWÜRZMISCHUNG:
2 EL *Ghee*
1 Prise Asafötida
2 ganze rote Chilis
**3 Knoblauchzehen, geschält und
  längs in Scheiben geschnitten**
1 EL schwarze Senfsamen
**1 frischer grüner Chili, Samen
  entfernt, längs halbiert**
1 EL gemahlener Koriander

Für 6 Personen

Preity hegt eine große Vorliebe für die Küche des Punjab im Norden Indiens, und dieses Gericht liebt sie ganz besonders. Mit einem gewissen Nostalgiegefühl erinnert sie sich immer noch gern daran, wie sie die Zubereitung schon zu Beginn ihres Hauswirtschaftsunterrichts lernte.

Das Kichererbsenmehl für das *Kadhi* in einer Schüssel mit etwas Wasser zu einer glatten Paste verrühren. Die übrigen Zutaten untermischen, 1 Liter Wasser hinzugießen und gut verrühren. In einem Topf mit schwerem Boden aufkochen und ohne Deckel bei schwacher Hitze 30 Minuten köcheln lassen. Das Wasser kocht um die Hälfte ein, sodass eine dickflüssige Sauce entsteht.

Für die *Pakoda* die trockenen Gewürze mit dem Kichererbsenmehl vermischen und mit 60 Milliliter Wasser zu einer dicken Paste verarbeiten. Die restlichen Zutaten untermischen. Der Teig sollte die Konsistenz von dickem Haferbrei haben.

Zum Frittieren der *Pakoda* das Öl in einem großen Topf erhitzen und den Teig teelöffelweise ins heiße Öl gleiten lassen. Das Öl sollte so heiß sein, dass es raucht, da die Klößchen sonst am Topfboden haften bleiben. Die Klößchen mit einem Schaumlöffel wenden, damit sie gleichmäßig goldbraun backen. Auf Küchenpapier abtropfen lassen. Sollen sie etwas weicher werden, die Klößchen ganz kurz in eine Schüssel mit kaltem Wasser tauchen.

Die *Pakoda* in das *Kadhi* geben und einige Minuten köcheln lassen.

Zuletzt das *Ghee* in einem kleinen Topf erhitzen und die Zutaten für die Gewürzmischung nacheinander hineingeben und rösten. Sobald die Mischung zu zischen beginnt, diese über die Klößchen in der Sauce verteilen.

Heiß mit Basmatireis und *Pappadam* (hauchdünne Fladenbrote) servieren.

Butter Chicken

HUHN IN BUTTERSAUCE

FÜR DIE MARINADE:
Frisch gepresster Saft von
1 Zitrone
300 g Joghurt
1 EL *Garam masala* **(Seite 154)**
2 TL rotes Chilipulver
1 EL gemahlener Koriander
1 TL gemahlener Kreuzkümmel
1 TL getrocknetes, fein zerriebenes Bockshornkleegrün
Salz

FÜR DIE TROCKENE GEWÜRZMISCHUNG:
6 Gewürznelken
10 schwarze Pfefferkörner
1 kleine Zimtstange
1 TL Samen von Kardamomkapseln
2 Lorbeerblätter

1 kg Hühnerfleisch ohne Haut, entbeint, in 5 cm große Würfel geschnitten
50 ml Pflanzenöl
3 Zwiebeln, geschält, fein gehackt
2 TL Ingwer-Knoblauch-Paste
500 ml Hühnerbrühe
15 Mandeln, in Wasser eingeweicht und zu Paste zermahlen
50 g Butter
3 EL süße Sahne
1 Handvoll frisches Koriandergrün

Für 6 Personen

Entstanden ist dieses Gericht in den Landstraßenimbissen des Punjab, den Dhaba, *und es erfreut sich großer Beliebtheit. Wie bei* Chicken tikka masala *wird das Huhn traditionell im Tandoor gebraten, und in Restaurants kommt das Fleisch auch immer noch aus dem indischen Lehmofen. Dieses Rezept ist dagegen für die Zubereitung zu Hause gedacht.*

Sämtliche Zutaten für die Marinade in einer großen Schüssel verrühren. Das Fleisch hineingeben, wenden und 1 Stunde marinieren lassen.

In der Zwischenzeit die Zutaten für die trockene Gewürzmischung ohne Fett rösten und fein zermahlen. Beiseitestellen.

Das Öl in einem Topf erhitzen und die Zwiebeln mit der Knoblauch-Ingwer-Paste darin goldbraun braten. Das marinierte Hühnerfleisch hinzugeben, die Marinade zurückbehalten. Das Fleisch braten, bis es opak ist.

Die trockene Gewürzmischung und die Hühnerbrühe hinzufügen. Etwa 30 Minuten köcheln lassen, bis das Fleisch weich ist. Nun die Marinade unterrühren und die Mischung langsam wieder aufkochen. Mandelpaste, Butter und süße Sahne dazugeben, die Hitze reduzieren. Unter Rühren noch einige Minuten köcheln lassen, dann mit frischem Koriander garnieren.

Heiß zu indischen Fladenbroten, *Roti* oder *Naan* (Seite 155) servieren. Gern wird dazu auch *Kaali dal* (Seite 150) gereicht.

Gewürzmischungen

SAMBHAR MASALA

ERGIBT 10 EL:
6 getrocknete rote Chilis
2 Zimtstangen
3 Lorbeerblätter
2 EL Kreuzkümmelsamen
2 EL Koriandersamen
1 EL Samen von Kardamomkapseln
1 EL schwarze Senfsamen
½ EL Muskatblüte (Macis)
½ EL Gewürznelken
½ EL gemahlene Kurkuma

Sämtliche Gewürze mit Ausnahme der Kurkuma ohne Fett in einer Pfanne rösten. Abkühlen lassen, mit der Kurkuma zu Pulver zermahlen.
Im Schraubglas trocken aufbewahrt, hält sich die Mischung bis zu 6 Monate.

GARAM MASALA

ERGIBT 10 EL:
Samen von 10 Kardamomkapseln
1 Zimtstange
5 Gewürznelken
2 EL schwarze Pfefferkörner
1 EL Kreuzkümmelsamen
2 EL Koriandersamen
1 TL frisch geriebene Muskatnuss

Sämtliche Gewürze mit Ausnahme des Muskats ohne Fett in einer Pfanne rösten. Abkühlen lassen, mit dem Muskat zu Pulver zermahlen.
Garam masala sollten Sie stets frisch herstellen.

AWADHI MASALA

ERGIBT 2 EL:
1 EL gemahlene Muskatblüte (Macis)
1 EL frisch geriebene Muskatnuss

Die Gewürze vermischen.
Awadhi masala sollten Sie stets frisch herstellen.

PAO BHAJI MASALA

ERGIBT 3 EL:
½ TL Kreuzkümmelsamen
5 Gewürznelken
1½ TL rotes Chilipulver
2 TL gemahlener Koriander
¼ TL gemahlene Kurkuma
1 TL *Garam masala*
1 TL grünes Mangopulver *(Amchoor)*
1 Prise Asafötida
1 Prise Salz

Kreuzkümmel ohne Fett rösten und mit den Gewürznelken zu Pulver zermahlen. Sämtliche Gewürze vermischen.

CHAT MASALA

ERGIBT 10 EL:
1 EL frisch gemahlener schwarzer Pfeffer
1 EL geröstete, gemahlene Kreuzkümmelsamen
1 EL Salz
10 g getrocknete, zerriebene Minzeblätter
5 g getrocknetes, zerriebenes Bockshornkleegrün
2 EL grünes Mangopulver *(Amchoor)*
1 EL geröstete, gemahlene Samen von
  Kardamomkapseln
1 EL gemahlene Gewürznelken
½ EL gemahlener Ingwer
½ EL gemahlene Muskatblüte (Macis)
1 EL rotes Chilipulver
1 Prise Asafötida

Die Gewürze vermischen.

DHANSAK MASALA

ERGIBT 10 EL:
6 getrocknete rote Chilis
1 Zimtstange
3 Lorbeerblätter
2 EL Kreuzkümmelsamen
2 EL Koriandersamen
Samen von 6 Kardamomkapseln
2 EL schwarze Pfefferkörner
5 Gewürznelken
1 EL Bockshornkleesamen
1 EL schwarze Senfsamen
½ EL Muskatblüte (Macis)
½ EL gemahlene Kurkuma

Sämtliche Gewürze mit Ausnahme der Kurkuma etwa 1 Minute ohne Fett in einer Pfanne rösten, bis sie aromatisch duften. Abkühlen lassen, mit der Kurkuma zu Pulver zermahlen.
Im Schraubglas trocken aufbewahrt, hält sich die Mischung bis zu 6 Monate.

BHATTI MASALA

ERGIBT 50 GRAMM:
5 g Koriandersamen
5 g schwarze Pfefferkörner
5 g Kreuzkümmelsamen
5 g getrocknetes Bockshornkleegrün
5 g Zimtstange
5 g rotes Chilipulver
5 g Gewürznelken
5 g Samen von Kardamomkapseln
5 g frisch geriebene Muskatnuss
5 g gemahlene Muskatblüte (Macis)

Die Gewürze zusammen zermahlen und vermischen. Gewürzmischung im Schraubglas trocken aufbewahren.

Brote

PARATHAS

Als *Paratha* bezeichnet man in Nordindien eine Reihe verschiedener Fladenbrote, von einfachen bis gefüllten Varianten. Manche Restaurants präsentieren sogar eine ganze Speisekarte mit den vielen Versionen, beispielsweise die »Only Parathas«, eine Restaurantkette in Bombay. Das Gewürz *Ajowan* bekommen Sie mittlerweile in vielen asiatischen Lebensmittelläden.

ERGIBT 12 FLADENBROTE:
1 TL Salz
1 EL gemahlener *Ajowan*
500 g *Chapatti-* oder *Atta-*Mehl
   (fein vermahlenes Vollkornmehl)
75 g flüssiges *Ghee*

Salz und *Ajowan* gründlich unter das Mehl mischen. Eine Mulde in die Mitte drücken. 250–300 Milliliter kaltes Wasser nach und nach hineingießen und unter das Mehl arbeiten, bis ein elastischer Teig entstanden ist. Zu einem glatten Teig verkneten. Einige Minuten ruhen lassen, dann in 12 gleich große Portionen teilen.

Die Portionen jeweils auf der bemehlten Arbeitsfläche zum Kreis ausrollen. Je ½ Teelöffel *Ghee* darauf verteilen und den Teig in der Mitte zusammenfalten. Nochmals zusammenfalten, sodass ein Dreieck entsteht. Erneut ausrollen und, falls nötig, mit Mehl bestäuben. Das Dreieck sollte nun 15 × 10 cm messen.

Eine Pfanne mit schwerem Boden erhitzen, eine *Paratha* hineingeben und ausbacken. Dabei mehrfach wenden und jeweils mit etwas *Ghee* bestreichen, bis sie goldbraun ist. Die fertige *Paratha* duftet aromatisch, ist von außen knusprig und im Innern schön weich.

ROTI UND CHAPATTI
Dünne Fladenbrote

Fast überall in Nord- und Zentralindien wird das beliebte dünne Fladenbrot zu den meisten Speisen serviert. Man backt es auf einer gusseisernen Backplatte, der sogenannten *tava*, und reicht es stets heiß. Zum Ausrollen werden ein Brett und eine Art Nudelholz *(bellan)* aus Holz oder Marmor verwendet.

ERGIBT 18 CHAPATTI/ROTI:
500 g *Chapatti-* oder *Atta-*Mehl
   (fein vermahlenes Vollkornmehl)

Das Mehl in eine Schüssel geben. Nach und nach 250–300 Milliliter Wasser unterkneten, sodass ein glatter, fester Teig entsteht. Je nach verwendetem Mehl kann die Wassermenge variieren, darum das Wasser vorsichtig hinzugießen.

Den Teig mit einem sauberen Küchentuch bedecken und 10 Minuten ruhen lassen. In 18 gleich große Portionen teilen.

Die Teigportionen jeweils zu einer Kugel formen, mit etwas Mehl be-

stäuben und mit dem Nudelholz zu einem dünnen Fladenbrot ausrollen. Damit die Fladenbrote gleichmäßig dünn werden, die Teigportionen beim Ausrollen immer wieder leicht drehen.

Eine traditionelle Backplatte oder eine Antihaftpfanne erhitzen und die Fladenbrote von beiden Seiten backen. Die Brote sind fertig, wenn sie einige dunkle Stellen haben und leicht aufgegangen sind.

Nach Wunsch vor dem Servieren leicht mit *Ghee* oder Butter bestreichen.

NAAN
Die weichen Sauerteigbrote zum Aufbacken im Ofen gibt es inzwischen auch bei uns zu kaufen.

PAPPADAM
Diese hauchdünnen Fladen aus Kichererbsenmehl werden frittiert, deshalb sind sie besonders knusprig.

Würzpasten

Für Ingwer- und Knoblauchpaste den Ingwer beziehungsweise Knoblauch schälen, grob hacken und im Mixer pürieren. Eventuell etwas Wasser zufügen. Die Paste lässt sich in fest verschlossenen Gefrierbeuteln einfrieren.

KAMERA AB FÜR BOLLYWOOD

Klassische Momente des indischen Kinos

Kurz nachdem die ersten Lumière-Filme 1896 in Bombay gezeigt worden waren, begannen die Inder auch schon selbst Filme zu drehen. Nach einigen Kurzfilmen wurde der erste Spielfilm 1913 produziert. Trotz Hunger, wirtschaftlicher Depression und den beiden Weltkriegen werden in Bombay, der Stadt der goldenen Träume, seither Filme gemacht.

ALAM ARA

Ab 1899 wurden in Indien Stummfilme gedreht, der erste Spielfilm jedoch war *Raja Harshchandra* im Jahr 1913. *Alam Ara* (1931) war Indiens erster Tonfilm mit sieben Liedern und Dialogen auf Hindustani (eine Mischung aus Hindi und Urdu). Er war ein großer Erfolg und begründete die Tradition von Musikfilmen. Einer der Filme jener Periode, *Indrasabha,* hatte sogar einundsiebzig Lieder!

NAVRANG

Die 1940er-Jahre wurden vom sozialen Film des Rajaram Vankudre Shantaram dominiert, der einen innovativen und mutigen Filmstil an den Tag legte. Er verstand die Rolle des Filmemachers als die eines Kommentators sozialer Belange. Seine Schwarz-Weiß-Bilder waren sehr einfallsreich und die Handlung ergreifend. Auch sein Gefühl für Musik war besonders: Er verwendete keine Hintergrundmusik, schuf aber lange Liedszenen in einigen seiner Filme.

MOTHER INDIA

Mother India ist ein epischer Film, der die Stärke der indischen Frauen herausstellt. Er wurde für einen Oscar nominiert und war ein Remake von Mehboob Khans früherem Film *Aurat* (Frau), in dem er die Nation als Frau darstellte. Der große Klassiker des indischen Kinos!

AWARA

In den 1950er-Jahren begann die Goldene Ära des indischen Kinos mit selbstbewussten, jungen Filmemachern wie Raj Kapoor, Bimal Roy, Guru Dutt und Mehboob Khan. Indien feierte seine neu gewonnene Unabhängigkeit, und diese jungen Menschen zeigten ausgeprägte, individuelle Stile und ein großes Gespür für soziale Themen. In *Awara* schuf Raj Kapoor eine von Charlie Chaplin inspirierte Tramp-Figur, die sich großer Beliebtheit erfreute.

DON

Die 1970er-Jahre waren von Amitabh Bachchans Image als »angry young man« geprägt, das die Autoren Salim und Javed in zahlreichen Filmen, vor allem in *Zanjeer* und *Deewar,* kreiert hatten. Chandra Barots *Don* mit Amitabh Bachchan in der Titelrolle blieb bis heute ein solcher Publikumsliebling, dass gerade ein Remake mit großem Budget und Shah Rukh Khan in der Rolle des Don gedreht wird.

Nariman Films

DON

Eastmancolor

written by SALIM JAVED
directed by CHANDRA BAROT
music KALYANJI ANANDJI
produced by NARIMAN A. IRANI

PROCESSED BY JASRA PROCESS, BOMBAY.

SANGAM

Sangam (1964) ist einer von Raj Kapoors aufwendigsten Filmen: Er wurde an fünf verschiedenen Orten gedreht, unter anderem in Paris und in der Schweiz, und war mit seinen europäischen Schauplätzen ein absolutes Novum. Der Film wurde ein großer Erfolg und stellte die Weichen für die romantischen Musicals mit vielen Liedern und exotischen Drehorten.

SAHIB BIBI AUR GHULAM

Am Ende der Schwarz-Weiß-Periode, also in den frühen 1960er-Jahren, wurde der mit Begeisterung aufgenommene Film *Sahib Bibi Aur Ghulam* gedreht. Er spielt in der ausgehenden Zeit der *zamindars* (reiche Grundherren) von Bengalen. Aus der Sicht eines einfachen Dorfbewohners, der zur Arbeit in ein *haveli* (Herrenhaus) geht, wird die Dekadenz und Unmoral der Reichen gezeigt. Meena Kumaris und Rehmaans subtiles Spiel, die hochpoetischen Lieder und die großartige Kameraführung machen das Ganze bis heute zu einem bemerkenswerten Film.

GUIDE

Dev Anand und sein Bruder Vijay Anand brachten die Moderne ins indische Kino. *Guide* basiert auf R. K. Narayans Roman und wurde sowohl auf Englisch als auch auf Hindi produziert. Er zeigt, wie eine verheiratete Frau sich mit einem Touristenführer auf die Suche nach Liebe und Freiheit macht. Als sie jedoch eine erfolgreiche Karriere beginnt, bricht er zusammen … Die Lied- und Tanzszenen zeigten viel Originalität und wurden zum Maßstab für nachfolgende Filme.

MUGHAL-E-AZAM
An diesem riesigen histori-
schen Film wurde alles in
allem fünfzehn Jahre ge-
arbeitet. Damit ist er bis
heute der teuerste Film
Indiens. Das Setting von
Mughal-e-Azam ist der Hof
des Mogulfürsten Akbar.
Erzählt wird die Liebesge-
schichte zwischen seinem
Sohn Prinz Salim und der
Hoftänzerin Anarkali. Der
Film ist ein cineastisches
Feuerwerk: Während die
Handlung in Schwarz-
Weiß gedreht wurde, ist
die Liedszene »Jab Pyaar
Kiya To Darna Kya« in
Farbe, und wir sehen mit
Vergnügen der großartigen
Madhubala beim Tanzen
vor Tausenden von Spie-
geln zu. 2004 wurde der
gesamte Film in Farbe
retuschiert und neu heraus-
gebracht.

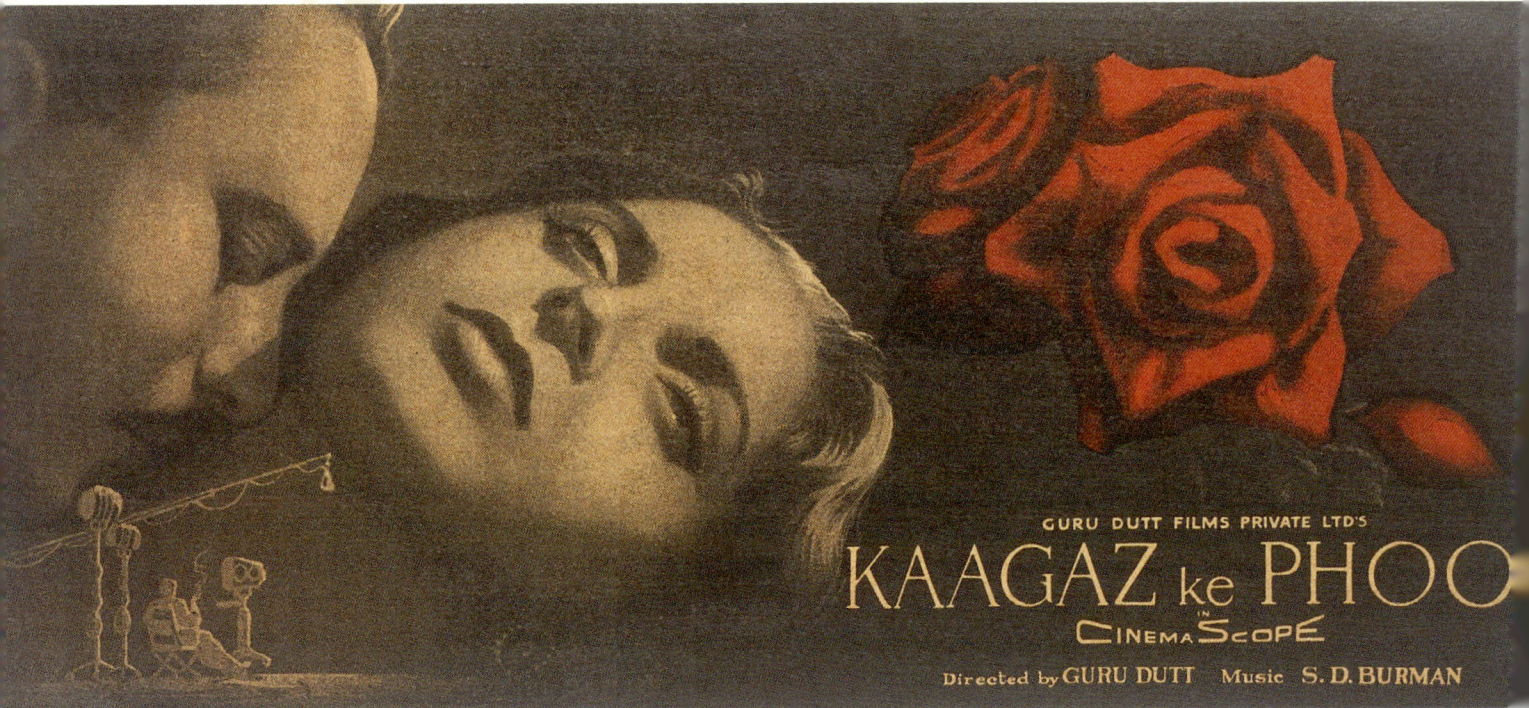

GURU DUTT FILMS PRIVATE LTD'S

KAAGAZ ke PHOO

IN CINEMASCOPE

Directed by GURU DUTT   Music S. D. BURMAN

KAAGAZ KE PHOOL

Kaagaz Ke Phool aus den späten 1950er-Jahren ist ein Klassiker, voller
Pathos und eingängiger Lieder. Es ist die Geschichte eines Regisseurs, der
auf die Ruinen seines Studios und die verzauberte und leidenschaftliche Zeit
zurückblickt, in der er Filme drehte. Es war Indiens erster Cinemascope-Film.
Sein Regisseur Guru Dutt spielte gleichzeitig die Hauptrolle des romantischen
Helden. Der Film fiel an den Kinokassen durch und war der Anfang von
Dutts Abstieg bis hin zum Selbstmord.

PAKEEZAH

Hindi-Filme haben häufig die Mogulära zum Thema, da sie ein reiches
Erbe von Dichtung und wunderbaren Kulissen bietet. Von den vielen Filmen
vor diesem Hintergrund schlug *Pakeezah* Anfang der 1970er-Jahre wie
eine Bombe ein. Meera Kumari und Kamaal Amrohi, die Regisseurin und
ihr Ehemann, schufen ein verführerisches Märchen, das mit viel Musik und
Geschmack erzählt wird. Meeras Tod kurz nach der Premiere trug zu dem
großen Erfolg noch bei.

SIPPY FILMS PRESENT
JAYA BHADURI

WRITTEN BY   MUSIC
SALIM JAVED • R.D.BURMAN
LYRICS   CAMERA
ANAND BAKSHI • DWARKA DIVECHA

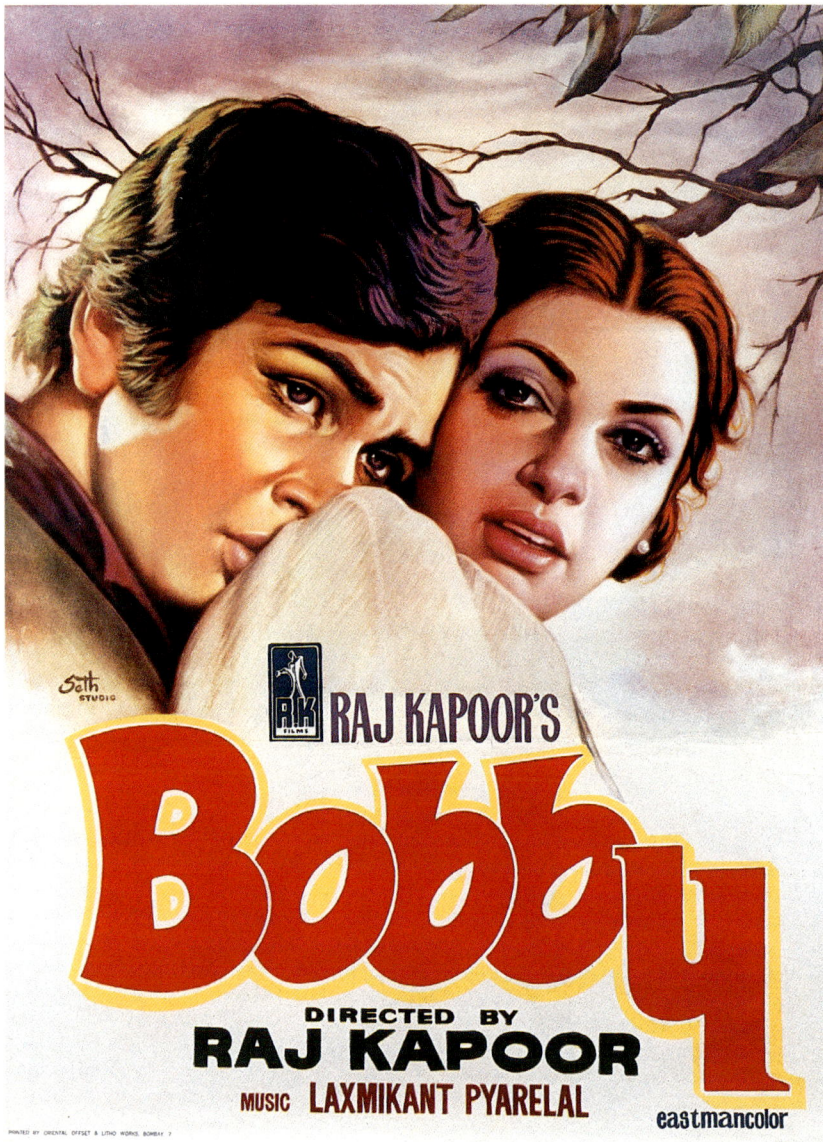

UMRAO JAAN
Die glamouröse Diva Rekha machte in *Umrao Jaan* die Kurtisanenkultur von Lucknow und Kanpur unsterblich. Der Film schwelgt in den historischen Kostümen und der muslimischen Ästhetik dieser Ära. Die *ghazals* des Films wurden unvergesslich. Zurzeit wird ein Remake produziert, und man wird sehen, ob es der Leistung von Muzaffar Ali, dem Regisseur und Kostümbildner aus Lucknow, das Wasser reichen kann.

SHOLAY *(Vorhergehende Doppelseite)*
Sholay schrieb 1975 Kinogeschichte und brach alle Verkaufsrekorde. Dieser Curry-Western ist so sehr zum Kult geworden, dass viele Inder seine Dialoge auswendig können. Als erster Film feierte er ein sogenanntes »silbernes Jubiläum«, das heißt, er lief fünfundzwanzig Wochen lang in über hundert Kinos in ganz Indien. Die Rachesaga wurde von Ramesh Sippy gedreht. Die großartige Story voller Überraschungen und Schlagkraft war auch der Höhepunkt des Drehbuch-Autorenduos Salim–Javed. Der Stern des Hauptdarstellers Amitabh Bachchan ging zu dieser Zeit erst auf.

BOBBY
Bobby war der Trendsetter für Teenagerromanzen, wie sie bis heute beliebt sind. Der bereits fast fünfzigjährige Raj Kapoor drehte diesen Film. Er erweckte mit seinem Teenagersohn Rishi Kapoor und der jungen Dimple Kapadia den Zauber wieder zum Leben, den er in den 1950er-Jahren zusammen mit Nargis ausgestrahlt hatte. Und Dimple sah Nargis sogar ein bisschen ähnlich! Der Film wurde ein riesiger Erfolg, und seine modischen Kleider und Accessoires wurden bald von Teenagern auf den Straßen des ganzen Landes getragen.

اجان امراؤ

Umrao Jaan

उमराव जान

EASTMANCOL

Music: Khayyam   Lyrics: Shahryar   A film by Muzaffar Ali

BEST OF BOLLYWOOD
1995–2006

Filmtitel; Erscheinungsjahr; Regisseur; Schauspieler; Produzent

Dilwale Dulhaniya Le Jayenge;
1995; Aditya Chopra; Shah Rukh Khan, Kajol;
Yashraj Films

Rangeela;
1995; Ram Gopal Varma; Aamir Khan, Urmilla
Matondkar, Jackie Shroff; Ram Gopal Varma

Karan Arjun;
1995; Rakesh Roshan; Shah Rukh Khan, Kajol;
Rakesh Roshan

Khamoshi – The Musical;
1996; Sanjay Leela Bhansali; Manisha Koirala,
Salman Khan, Nana Patekar; Sibte Hassan Rizvi

Dil To Pagal Hai;
1997; Yash Chopra; Madhuri Dixit, Shah Rukh
Khan, Karisma Kapoor; Yash Chopra

Pardes;
1997; Subhash Ghai; Shah Rukh Khan,
Mahima Chowdhury; Mukta Arts

Kuch Kuch Hota Hai;
Und ganz plötzlich ist es Liebe;
1998; Karan Johar; Shah Rukh Khan, Kajol,
Rani Mukerji; Dharma Productions

Chachi 420;
1998; Kamalahasan, Tabu, Amrish Puri;
Kamalahasan

Satya;
1998; Ram Gopal Varma; J. D. Chakravarti,
Urmila Matondkar; Ram Gopal Varma

Dil Se;
Von ganzem Herzen;
1998; Mani Ratnam; Shah Rukh Khan, Manisha
Koirala, Preity Zinta; Jhamu Sugandh

Ghulam;
1998; Vikram Bhatt; Aamir Khan, Rani Mukerji;
Mukesh Bhatt

Hum Dil De Chuke Sanam;
1999; Sanjay Leela Bhansali; Salman Khan,
Aishwarya Rai, Ajay Devgun; Jhamu Sugandh

Taal;
1999; Subhash Ghai; Aishwarya Rai, Anil Kapoor,
Akhshay Khanna; Mukta Arts

Mohabbatein;
Denn meine Liebe ist unsterblich;
2000; Aditya Chopra; Amitabh Bachchan,
Shah Rukh Khan, Aishwarya Rai; Yashraj Films

Kaho Na Pyaar Hai;
2000; Rakesh Roshan; Hrithik Roshan,
Amisha Patel; Rakesh Roshan

Kabhi Khushi Kabhie Gham;
In guten wie in schweren Tagen;
2001; Karan Johar; Shah Rukh Khan, Kajol,
Hrithik Roshan, Kareena Kapoor, Amitabh Bachchan;
Dharma Productions

Lagaan;
Es war einmal in Indien;
2001; Ashutosh Gowarikar; Aamir Khan,
Gracy Singh; Aamir Khan

Dil Chahta Hai;
Das Herz will;
2001; Farhaan Akhtar; Aamir Khan, Preity Zinta,
Saif Ali Khan; Ritesh Sidhwani

Saathiya;
2002; Shaad Ali; Rani Mukerji, Vivek Oberoi;
Mani Ratnam

Devdas;
2002; Sanjay Leela Bhansali; Shah Rukh Khan,
Aishwarya Rai, Madhuri Dixit; Bharat Shah

Munnabhai M. B. B. S.;
2003; Rajkumar Hirani; Sanjay Dutt, Gracy Singh,
Arshad Warsi; Vidhu Vinod Chopra

Kal Ho Na Ho;
Lebe und denke nicht an morgen;
2003; Nikhil Advani; Shah Rukh Khan,
Preity Zinta, Saif Ali Khan; Karan Johar

Koi Mil Gaya;
Sternenkind;
2003; Rakesh Roshan; Hrithik Roshan, Preity Zinta;
Rakesh Roshan

Chalte Chalte;
Wohin das Schicksal uns führt;
2003; Aziz Mirza; Shah Rukh Khan, Rani Mukerji;
Dreamz Unlimited

Hum Tum;
2004; Kunal Kohli; Saif Ali Khan, Rani Mukerji;
Yashraj Films

Veer Zaara;
Die Legende einer Liebe;
2004; Yash Chopra; Shah Rukh Khan, Preity Zinta,
Rani Mukerji; Yashraj Films

Main Hoon Na;
Ich bin immer für dich da;
2004; Farah Khan; Shah Rukh Khan,
Sushmita Sen, Sunil Shetty; Dreamz Unlimited

Swades;
2004; Ashutosh Gowarikar; Shah Rukh Khan,
Kishori Ballal, Gayatri Sinha, Makarand Deshpande;
Ashutosh Gowarikar

Yuva;
2004; Mani Ratnam; Abhishek Bachchan,
Rani Mukerji; Mani Ratnam

Dhoom;
2004; Sanjay Gadhvi; Abhishek Bachchan,
John Abraham, Esha Deol; Aditya Chopra

Bunty Aur Babli;
2005; Shaad Ali; Amitabh Bachchan,
Abhishek Bachchan, Rani Mukerji; Yashraj Films

Salaam Namaste;
2005; Siddharta Anand; Saif Ali Khan,
Preity Zinta; Yashraj Films

Parineeta;
2005; Pradeep Sarkar; Saif Ali Khan,
Vidya Balan, Sanjay Dutt; Vidhu Vinod Chopra

Iqbal;
2005; Nagesh Kukunoor; Nasseruddin Shah,
Shreyas Talpade; Subhash Ghai

Black;
2005; Sanjay Leela Bhansali; Rani Mukerji,
Amitabh Bachchan; Sanjay Leela Bhansali

The Rising: Mangal Pandey;
2005; Ketan Mehta; Aamir Khan, Rani Mukerji;
Bobby Bedi

Rang de Basanti;
Die Farbe Safran;
2006; Rakeysh Mehra; Aamir Khan, Soha Ali Khan;
Rakeysh Mehra

Taxi 9211;
2006; Milan Luthria; Nana Patekar, John Abrahim;
Ramesh Sippy

REGISTER

DIE LIEBLINGSRESTAURANTS DER STARS

Aap Ki Khatir (Kebabs)
Gegenüber von Humayuns Grab
Nizamuddin East
New Delhi 110013
(Imbissstand an der Straße)

Bauji Ka Dhaba (Indisch)
Hauz Khas Village
New Delhi 110016
Tel.: 0091 11 26525511, 26512324
&
Metropolitan Mall
Gurgaon V 122015
Tel.: 0091 1232 24410167

China Garden (Chinesisch)
Crossroads
Tardeo, Haji Ali
Bombay 400034
Tel.: 0091 22 24955588, 24955589

Elco's (Snacks)
Hill Road
Bandra West
Bombay 400050
Tel.: 0091 22 26437206, 26457677,
9820129075

Indigo (Fusion)
4 Mandlik Road
Off Colaba Causeway
Bombay 400005
Tel.: 0091 22 5636 8999

**Mahesh Lunch Home
(Fisch und Meeresfrüchte)**
8 D, Cavasji Patel Street,
Fort, Bombay 400001
Tel.: 0091 22 22870938, 22023965

**Masala Bay (Indisch) & Ming
Yang (Chinesisch)**
Taj Land's End
Bandstand
Bandra West
Bombay 400050
Tel.: 0091 22 66011825

Olive Bar and Kitchen (Fusion)
14, Union Park
Khar
Bombay 400050
Tel.: 0091 22 2600 8248

Royal China (Chinesisch)
Hazarimal Somani Marg,
Fort, Bombay 400001
Tel.: 0091 22 5635 5310/1

Sagar (Südindisch)
18 Defence Colony Market
New Delhi 110024
Tel.: 0091 11 24678374, 24617832

Saltwater Grill
H20 Water Sports Complex
Neben dem Mafatlal Swimming Club
Marine Drive
Bombay 400007
Tel.: 0091 22 23685459

Sarvi (Nordindisch)
186/190 Nagpada
Bombay 400003
Tel.: 0091 22 23095989

**Thai Pavilion (Thailändisch)/
Konkan Café/
Trattoria (Italienisch)**
Taj President
Cuffe Parade
Bombay 400005
Tel.: 0091 22 6665 0808

Urban Tadka (Indisch)
Seven Bungalows
Andheri West
Bombay 400061
Tel.: 0091 22 56028943

**Wasabi by Morimoto
(Japanisch)**
The Taj Mahal Palace & Tower
Apollo Bunder
Bombay 400001
Tel.: 0091 22 66653366